ESPIRITUALIDADE E ARTE DE CUIDAR

Leo Pessini

ESPIRITUALIDADE E ARTE DE CUIDAR

O sentido da fé para a saúde

Dados Internacionais de Catalogação na Publicação (CIP)
(Câmara Brasileira do Livro, SP, Brasil)

Pessini, Leo
  Espiritualidade e arte de cuidar : o sentido da fé para a saúde / Leo
Pessini. – São Paulo : Paulinas/Centro Universitário São Camilo, 2010.

  Bibliografia.
  ISBN 978-85-356-2719-0

  1. Cura pela fé   2. Deus - Vontade   3. Espiritualidade
4. Saúde - Aspectos religiosos - Cristianismo   5. Sofrimento - Aspectos
religiosos - Cristianismo   I. Título.

10-09789   CDD-248.86

Índice para catálogo sistemático:
  1. Doentes : Guias de vida cristã : Religião   248.86

3ª edição – 2015

Direção-geral:	*Flávia Reginatto*
Editora responsável:	*Vera Ivanise Bombonatto*
Assistente:	*Andréia Schweitzer*
Copidesque:	*Anoar Jarbas Provenzi*
Coordenação de revisão:	*Marina Mendonça*
Revisão:	*Sandra Sinzato*
Direção de arte:	*Irma Cipriani*
Assistente de arte:	*Sandra Braga*
Gerente de produção:	*Felício Calegaro Neto*
Projeto gráfico:	*Manuel Rebelato Miramontes*
Imagem da capa:	*A criação de Adão*
	(Capela Sistina), Michelangelo

*Nenhuma parte desta obra poderá ser reproduzida ou transmitida
por qualquer forma e/ou quaisquer meios (eletrônico ou mecânico,
incluindo fotocópia e gravação) ou arquivada em qualquer sistema ou
banco de dados sem permissão escrita da Editora. Direitos reservados.*

Paulinas

Rua Dona Inácia Uchoa, 62
04110-020 – São Paulo – SP (Brasil)
Tel.: (11) 2125-3500
http://www.paulinas.org.br – editora@paulinas.com.br
Telemarketing e SAC: 0800-7010081

© Pia Sociedade Filhas de São Paulo – São Paulo, 2010

Centro Universitário São Camilo

Rua Padre Chico, 688
05008-010 — São Paulo — SP (Brasil)
Tel.: (11) 3465-2603 — Fax: (11) 3465-2612
http://www.saocamilo-sp.br

A todos os *religiosos camilianos brasileiros*, companheiros de vida e serviço no mundo da saúde (promoção da saúde, prevenção das doenças e cuidado dos doentes), que escreveram e escrevem uma página nova do Evangelho da Vida, da Solidariedade e da Esperança em meio a tantos desafios.

À minha *família e parentes*, berço amoroso onde aprendi a acreditar em Deus e discernir as primeiras noções éticas do que é bom, justo e verdadeiro na vida.

Aos *inúmeros amigos* que caminharam comigo nestes últimos trinta anos de vida, nos diversos empreendimentos e responsabilidades profissionais em que estive envolvido no âmbito da saúde, fazendo-me acreditar que "em cada amigo há um tesouro".

A todos os *profissionais da saúde* que colocam o *"coração nas mãos"* no exercício profissional e que acreditam que, através dos valores éticos e bioéticos, podemos construir um mundo melhor, uma sociedade mais justa e solidária, profissionais competentes e comprometidos com a vida e saúde humanas, nos aspectos científico e ético. Em especial, lembro com carinho de dois amigos: *Dr. William Saad Hossne,* atual coordenador do curso de pós-graduação em Bioética do Centro Universitário São Camilo (SP), e *Dr. Luiz Roberto D'Ávila,* catarinense como eu, atual presidente do Conselho Federal de Medicina. Agradeço pela confiança na indicação para contribuir como teólogo e bioeticista nas comissões multidisciplinares do Ministério da Saúde (Comissão Nacional de Ética na Pesquisa em Seres Humanos) e do Conselho Federal de Medicina (Comissão Nacional de Revisão do Código de Ética Médica, Conselho Editorial da Revista *Bioética* e Comissão Técnica sobre Terminalidade da Vida e Cuidados Paliativos).

Introdução

Cultivamos uma busca pessoal e profissional de reflexão e vivência de uma espiritualidade que dê sentido ao caminhar pela vida. Trabalhando na área da saúde como educador, professor, administrador e conselheiro espiritual, bem como participando em inúmeros eventos educacionais, congressos e jornadas, incontáveis foram as vezes em que fomos convidados a participar de discussões sobre os valores humanos, éticos e bioéticos, espirituais e cristãos. Essa perspectiva nos levou a muitos quadrantes do planeta. Tivemos o privilégio de encontrar pessoas, crentes e não crentes, maravilhosas. Este trabalho é uma resposta a inúmeras solicitações de amigos e amigas, companheiros de alma nesta jornada, de apresentar algumas convicções fundamentais que nos deem força na caminhada da vida e sentido aos nossos dias. No horizonte maior do sentido da vida, partilhamos nossos valores com os que acreditam na realização da vocação do ser humano como um ser feliz, valores estes que estão comprometidos, por ação e palavra, na construção de um futuro digno e melhor para todos. É evidente que em nossas reflexões nos colocamos em uma chave de leitura a partir dos valores do Cristianismo que professamos.

Neste início de milênio, para surpresa de muitos, principalmente no âmbito da academia e da ciência, testemunhamos o "renascimento da religião", ou melhor, das religiões, em todos os âmbitos da vida humana. Na parte ocidental do planeta, quando a razão triunfante do Iluminismo se autoproclamou como sendo a última palavra de compreensão e sentido da realidade, levando até a declarar que "Deus está morto", é agora obrigada a dar passagem e abrir espaço para a fé. Claro que tudo isso é complexo, gera perplexidade e inquietação.

Narrar Deus em uma sociedade pós-metafísica. Possibilidades e impossibilidades foi a temática de uma importante conferência internacional realizada no Brasil, em 2009, na Universidade Unisinos (São Leopoldo, RS), através do *Instituto Humanitas*. A leitura e a reflexão de alguns textos-chave de cientistas, filósofos e teólogos que participaram desse evento e que foram publicados nos meios eletrônicos (*IHU on-line — Revista do Instituto Humanitas — Unisinos*) servem de inspiração para esta publicação, e a seus autores e responsáveis expressamos nossa gratidão.

Nossa reflexão parte de uma radiografia a respeito do renascimento da religião na contemporaneidade, em seus movimentos mais expressivos (Capítulo 1). Em seguida, no Capítulo 2, entabulamos um diálogo com alguns cientistas e filósofos que negam a existência de Deus e da religião e, no Capítulo 3, cientistas, filósofos e teólogos que afirmam a espiritualidade e Deus. Avançamos na busca de identificação de pontos convergentes entre as maiores religiões (Capítulo 4), distinguindo o que se entende por religião e espiritualidade (Capítulo 5).

No contexto da medicina brasileira, a partir de uma reflexão da ética médica codificada, sinaliza-se qual é a importância dos valores da fé, espiritualidade neste contexto (Capítulo 6). Uma das questões que acompanham a humanidade desde tempos imemoriais é a problemática da dor e o mistério do sofrimento humano: que sentido dar? Que espiritualidade cultivar é o tema do Capítulo 7. É diante das adversidades da vida que somos desafiados a desenvolver a resiliência (Capítulo 8), sem esquecer que nossa espiritualidade liga-se com o todo da vida, isto é, com o planeta Terra (Capítulo 9), sem esquecer de aprofundar a espiritualidade cristã a partir da *práxis* (atos e palavras) de Jesus (Capítulo 10).

O momento subsequente, Capítulo 11, realça o rosto dinâmico da espiritualidade camiliana, que pode ser de inspiração para o trabalho dos profissionais no mundo da saúde. A figura de Camilo de Lellis é lembrada em alguns aspectos fundamentais do cuidar, que é uma obra de arte, que une ética e estética, amor e beleza. Caminhamos para uma perspectiva conclusiva buscando esperança para um novo tempo e finalizamos com duas histórias de vida que simplesmente nos surpreendem pelo "espírito" que toma conta dos acontecimentos (Capítulo 12). Enfim, nosso desafio maior que tentamos humildemente perseguir é o de pensar a questão da fé e da espiritualidade hoje no mundo da saúde, tema abordado no Capítulo 13.

Apresentamos três anexos que julgamos de fundamental importância relacionados ao tema "espiritualidade e arte de cuidar". No *primeiro anexo*, temos excertos de um importante documento do Celam (Conselho Episcopal Latino-Americano, intitulado: *Discípulos missionários no mundo da saúde: guia da Pastoral da Saúde para a América Latina e o Caribe*, que atualiza a missão pastoral da Igreja para o mundo da saúde, a partir da Conferência de *Aparecida* (2007). É a espiritualidade que não se isola, muito menos se afasta do mundo, mas se transforma em cuidado pastoral junto aos mais vulneráveis da sociedade.

No *segundo anexo*, apresentamos o resumo de minha vida, em forma de entrevista biográfica concedida ao jornal *São Camilo Educação* (edição julho/agosto de 2010). Essa publicação celebrou os 30 anos de ministério e trabalhos no mundo da saúde (7/12/1980 - 7/12/2010) e constitui um presente que desejo partilhar com todos os amigos que me acompanham nesta caminhada de vida. Já que uma imagem vale mais do que mil palavras, segue uma série de fotos ilustrativas dos mais variados momentos de minha história de vida e de minha família.

No *terceiro anexo*, reproduzo o discurso que fiz por ocasião da entrega do título de cidadão paulistano na Câmara Municipal de São Paulo. Longe de querer vaidosamente me achar importante, ou me julgar muito maior do que sou, ou então fazer com que as pessoas me olhem como exemplo a ser seguido, quero tão somente com meus limites e idealismo partilhar os valores de vida e espiritualidade que me nutriram e são o sustentáculo de meu viver. Se for de inspiração de vida para alguém, que Deus seja louvado!

Um agradecimento às irmãs Paulinas, em especial à minha querida amiga Ir. Vera Bombonatto, doutora em teologia, que acreditou neste projeto de publicação e tornou-o esteticamente diferenciado e simplesmente belo! A imagem de capa escolhida (*A criação de Adão*, do gênio do

Renascimento Michelangelo) e que ilustra a abertura de cada capítulo do livro nos transmite a mensagem de que a criação de Deus continua hoje, quando assumimos o desafio de cuidar da vida humana e cósmico-ecológica (materialidade) a partir da perspectiva do Espírito (espiritualidade). Isso constitui o roteiro de nossa reflexão nesta obra.

"Já se disse que o cristão do futuro ou será
um místico ou não o será [...]. Desde que não
se entendam por mística fenômenos parapsicológicos
raros, mas uma experiência
de Deus autêntica que brota do interior da existência.
Pois essa frase é realmente correta
e se tornará, na sua verdade e no seu peso, mais
claramente a espiritualidade do futuro."

KARL RAHNER

O renascimento da religião na contemporaneidade: uma rápida radiografia

"Onde existe religião, aí há sempre esperança."
ERNEST BLOCH

Anúncios do ressurgimento da espiritualidade no século XXI

Ao traçar uma radiografia da modernidade e pós-modernidade, o renomado teólogo italiano Bruno Forte (2003) diz que a época moderna coincide com o processo que vai do triunfo da "razão adulta", caracterizada pelas maiores ambições, à experiência difusa da fragmentação do sem sentido que se seguiu à queda dos horizontes da ideologia. O sonho que inspira os grandes processos de emancipação da época moderna empurra o homem moderno a querer uma realidade totalmente iluminada pelo conceito, no qual se expresse o poder da razão. A realidade deve inclinar-se sob o poder do pensamento. Se a razão iluminada pretende explicar tudo, a pós-modernidade se oferece como o tempo que está para além da totalidade luminosa da ideologia, tempo pós-ideológico. Se para a razão adulta tudo tinha sentido, para o pensamento débil da condição pós-moderna já nada mais parece ter sentido. A crise de sentido passa a ser a característica peculiar da pós-modernidade. Neste tempo de pobreza, que, como observa Martin Heidegger (2006), "é noite no mundo", não por causa da falta de Deus, mas porque os homens já não sofrem com essa falta, a doença mortal é a indiferença, a perda do gosto por procurar as razões últimas pelas quais vale a pena viver e morrer, a falta de "paixão pela verdade". Existem alguns sinais de esperança. Existe uma procura do sentido perdido. Não se trata de um mero saudosismo, mas sim de um esforço de reencontrar o sentido para além do naufrágio, de reconhecer um horizonte último sobre o qual medir o caminho daquilo que é penúltimo. Eis algumas implicações dessa procura do sentido perdido: em primeiro lugar, a redescoberta do outro. O próximo, pelo simples fato de existir, é razão do viver e do viver juntos, porque o desafio é o sair de si, viver o êxodo sem retorno do compromisso pelos outros, o amor. Em segundo lugar, uma renovada "nostalgia do Totalmente Outro". Para Horkheimer (2002), uma espécie de redescoberta do último: desperta-se uma necessidade, que se poderia definir como religiosa, de alicerces, de sentido, de horizonte último, de uma pátria final que não seja aquela sedutora, manipuladora e violenta da ideologia. Reacende-se a sede de um horizonte de sentido pessoal, capaz de fundar a relação ética como uma relação de amor.

Neste início do século XXI, quando tudo aparentemente convergia para o silêncio da religião, eis que ela explode com uma força nunca imaginada, em expressões plurais e originais. Agora tudo é religião! Estamos cansados dos profetas da morte da religião, que sob diversos sentidos, repetiram a frase hegel-nietzscheniana de que *"Deus morreu"*. O Iluminismo considerava a religião e os tempos medievais com o desprezo com que a luz olha para a escuridão, a inteligência para o obscurantismo, a razão para os mitos, a consciência para a sonolência alienada, a crítica adolescente para a piedade infantil. O que sobrou de todo esse embate no momento atual? O que acontece com o sujeito pós-moderno, que mistura ateísmo com religião, conjuga fé com superstição, goza hedonisticamente do gosto místico pelo transcendente e que deixa os sociólogos da religião desarmados?

O ressurgimento do fenômeno religioso neste início de milênio não deixa de ser surpreendente. O itinerário teológico de Harvey Cox (1968) reflete muito bem a mudança do secular para o religioso em seu livro *The secular city* [A cidade secular], que ganhou notoriedade mundial com inúmeras traduções. Trata-se de um texto programático do fenômeno da secularização. Antes de terminar o milênio, Cox (2001) escreveu outro texto no polo oposto: *Fire from heaven: the Pentecostal spirituality and the reshaping of religion in the twenty-first century* [Fogo do céu: a espiritualidade pentecostal e a reconfiguração da religião no século XXI]. Vemos a relevância da religião depois do longo período de marginalização a que a submeteu a razão iluminista.

Um dos ditos mais recorrentes vem do teólogo alemão Rahner (1998): "Já se disse que o cristão do futuro ou será um místico ou não o será". Para não confundirmos "mística", Rahner (citado em VERNETTE, 1999) acrescenta: "Desde que não se entendam por mística fenômenos parapsicológicos raros, mas uma experiência de Deus autêntica que brota do interior da existência. Pois essa frase é realmente correta e se tornará, na sua verdade e no seu peso, mais claramente a espiritualidade do futuro".

Um testemunho interessante que soa até estranho é o do literato francês André Malraux. Aqui não se trata de nenhum teólogo, mas de alguém que lutou entre a escuridão do agnosticismo e os lampejos de esperança no ser humano. Em sua juventude, Malraux recusara terminantemente aderir à fé cristã; via nela um apaziguamento a que não aspirava. Em vez da fé tranquilizante, solução de conveniência, preferia a ávida lucidez. Levantou-se a pergunta do absurdo, embora não tenha aderido à resposta niilista. Lutando ao lado de muitos sistemas, não aderiu a nenhum. Percebia que o século XX entrara em terrível crise espiritual. Ironicamente perguntava: "Para que ir à Lua, se é para suicidar-se lá?". Aos 26 anos, escrevia: "Nossa civilização, desde que perdeu a esperança de encontrar nas ciências o sentido do mundo, viu-se privada de todo fim espiritual". A ele foi atribuída a afirmação de que "o século XXI será o mais religioso da história" (MALRAUX, citado em LE POINT, 10 de novembro de 1975). Afirma ainda o mais incerto: "Não excluo a possibilidade de um evento espiritual em escala planetária. O problema capital do fim do século será o problema religioso" (MALRAUX, citado em PREUVES, março de 1955). "Trata-se exatamente de reintegrar os deuses em face da mais terrível ameaça que a humanidade jamais conheceu" (MALRAUX, citado em L'EXPRESS, 21 de março de 1991). André Frossard testemunha: "Em seu escritório, Malraux me confiou: este próximo século será místico ou não será. Para ele, como para mim, o estado místico é o que permite ter acesso direto a Deus pela experiência" (PARIS MATCH, 29 de agosto de 1991).

Leonardo Boff, teólogo brasileiro de renome internacional, que tem escrito muito sobre esta temática, assinala que talvez uma das transformações culturais mais importantes no século XXI será a volta da dimensão espiritual na vida humana. Diz Boff (2003): "O século XXI será um século espiritual que valorizará os muitos caminhos espirituais e religiosos da humanidade ou criará novos. Esta espiritualidade ajudará a humanidade a ser mais corresponsável com seu destino e com o destino da Terra, mais reverente diante do mistério do mundo e mais solidária para com aqueles que sofrem. A espiritualidade dará leveza à vida e fará com que os seres humanos não se sintam condenados a um vale de lágrimas, mas se sintam filhos e filhas da alegria de viver juntos neste mundo, sob o arco-íris da graça e da benevolência divina".

Ainda em Boff (2003) encontramos: "Talvez uma das transformações culturais mais importantes do século XXI seja a volta da dimensão espiritual da vida humana. O ser humano não é somente corpo, parte do universo material. Não é também apenas psique, expressão da complexidade da vida que se sente a si mesma, torna-se consciente e responsável. O ser humano é também espírito, aquele momento da consciência no qual ele se sente parcela do Todo, ligado e religado a todas as coisas. É próprio do espírito colocar questões radicais sobre nossa origem e nosso destino e se perguntar pelo nosso lugar e pela nossa missão no conjunto dos seres do universo. Pelo espírito, o ser humano decifra o sentido da seta do tempo ascendente e se inclina, reverente, face àquele mistério que tudo coloca em marcha. Ouso chamá-lo por mil nomes ou simplesmente Deus".

Aliando o clima de início de um novo século, que busca revalorizar a dimensão espiritual da vida humana, o aprofundamento da relação entre saúde e religiões destaca-se como de suma importância. Entendemos aqui *religião na sua essência de espiritualidade*, e não a partir de expressões "concretas" atribuídas ao longo da história humana que têm variado significativamente no correr do tempo. Nesse sentido, a *espiritualidade e a mística* são as grandes gestoras da esperança, dos grandes sonhos, de um futuro transcendente do ser humano e do universo. Reafirmam o futuro da vida, contra a violência cruel da morte (BOFF, 2003).

Claro que, em meio ao despertar religioso mundial em todas as frentes, estamos perplexos e assustados com o forte surto fundamentalista. Assistimos ao trágico combate entre fundamentalismos religiosos. A ação terrorista que destruiu as Torres Gêmeas em Nova York em 11 de setembro de 2001 é uma evidência disso.

Olhando para o cenário religioso brasileiro, a explosão religiosa se manifesta na fantástica multiplicação de novas denominações religiosas, muitas delas com forte tendência sincrética. Um sinal disso é observarmos em qualquer livraria a seção de espiritualidade/ocultismo/espiritismo como uma das que mais têm livros e frequentadores. Algumas obras, no âmbito cristão-católico (por exemplo, a obra do Dr. Roque Savioli [2004], *Os milagres que a medicina não contou*), tornaram-se rapidamente *best-sellers* e se encontram em qualquer banca de livros. Além disso, grandes tradições religiosas do Oriente entram suavemente no espaço religioso, principalmente o Budismo. As obras do Dalai-Lama são amplamente colhidas e divulgadas em livrarias e bancas de jornal. Revistas populares de divulgação científica, como a *Superinteressante*, têm abordado questões importantes do mundo das religiões, notadamente dando ênfase às questões ligadas à espiritualidade e ao Budismo. Uma de suas edições trata justamente sobre o despertar hoje da importância da meditação na vida diária para combater o estresse (MORAIS, 2003). O cardiologista Herbert Benson, da Universidade de Harvard, um dos maiores pesquisadores da meditação e do poder das crenças na promoção da saúde, chega a estimar que 60% das consultas médicas poderiam ser evitadas se as pessoas apenas usassem a mente para combater as tensões causadoras de complicações físicas (BENSON, 2003). Enfim, cada vez mais surgem estudiosos se debruçando sobre pesquisas em torno da saúde mental, relacionando-as com valores e crenças religiosas.

O despertar da "Nova Era", as especulações da neuroteologia e a busca de uma espiritualidade de evidência

Algumas características da New Age

Estaria incompleta a apresentação do panorama dos novos fenômenos religiosos da contemporaneidade se não mencionássemos a *New Age*. A "Nova Era" cria uma atmosfera religiosa, respeita uma dupla busca espiritual. Uma vai em direção à própria interioridade; a outra, visa entrar em comunhão com a natureza. Tenta superar uma visão ecológica de cunho antropocêntrico, preocupada em conservar e proteger a natureza apenas por causa do ser humano. O ser humano imerge no mistério cósmico, em um processo de transformação de sua consciência, até realizar o divino existente em si mesmo. O movimento da "Nova Era" se situa no lado oposto da agitação da sociedade contemporânea, criando espaços de paz e felicidade. Não responde com nenhuma doutrina, com verdades reveladas, nem mesmo com uma ética de compromisso. Simplesmente recolhe práticas, conhecimentos e caminhos que possibilitem essa viagem interior de paz consigo e de harmonia com o cosmo.

No Brasil, no âmbito literário, o escritor Paulo Coelho nos apresenta tal itinerário. A partir desse horizonte da "Nova Era", podemos entender seu grande sucesso.

Para completar este mosaico da atualidade dos fenômenos religiosos, lembramos que na fronteira da ciência e tecnologia fala-se de um novo campo, a chamada "neuroteologia" (*neurotheology*). Em tempos de medicina de evidência, busca-se também criar uma "espiritualidade de evidência" (COHEN, 2000). Um estudo recente em cardiologia, que gerou muita discussão e polêmica na área científica médica, foi levado a efeito em 1988 pelo cardiologista Randolph Byrd. Foi uma tentativa de testar cientificamente a oração, de responder à questão sobre se a ciência médica pode provar que a oração é uma forma eficaz de terapia. Em um estudo randomizado, ele separou pacientes que sofreram ataques cardíacos em dois grupos: um que recebia apenas cuidados médicos padrões e outro que recebia orações de três a sete cristãos nascidos novamente (*born-again Christians*). Ninguém, nem paciente, profissionais ou o próprio pesquisador Byrd, sabia para quem eram dirigidas as orações. O pesquisador, através do estudo, descobriu que os pacientes que recebiam orações tiveram um desempenho melhor que os que não receberam. Eles utilizaram menos antibióticos, a porcentagem de falhas de batimentos cardíacos diminuiu e apresentaram menos possibilidades de desenvolver pneumonia. Ele concluiu que "a oração de intercessão ao Deus judaico-cristão tem um efeito benéfico em pacientes que estão em unidade coronariana" (BYRD, 1988). Claro que a pesquisa gerou e gera muito controvérsia e uma forte reação de muitos crentes, que dizem que a oração simplesmente não pode ser testada cientificamente. As tradições religiosas teístas rejeitam essa perspectiva, cuja tendência é ver Deus como um mero meio para satisfazer uma finalidade humana, em vez de o único fim em si. Segundo alguns estudiosos, o problema básico que os trabalhos sobre a eficácia da oração apresentam é que esses estudos assumem que Deus não somente não ouve as orações de intercessão, mas também que elas seriam um meio de obrigar Deus a responder aos desejos humanos. Na fé de cristãos, judeus e muçulmanos, Deus se preocupa profundamente com o bem-estar humano. No Cristianismo em particular, Jesus convida e exorta os fiéis a que orem aos doentes, ensina seus discípulos como fazer e os aconselha a fazê-lo sempre. Segundo Jesus, Deus ouve e responde às orações, à luz da sabedoria divina, antes mesmo de nossos desejos.

Especulações da neuroteologia

Na reportagem de capa de uma das mais importantes revistas internacionais, a *Newsweek*, se lê: *God in your brain. Does science make religion unnecessary?* [Deus no seu cérebro. A ciência dispensa a religião?] (BEGLEY, 2001). Nesse novo campo do conhecimento, denominado neuroteologia, os cientistas buscam as bases biológicas da espiritualidade. Então a ideia de Deus estaria em nossa cabeça como uma criação de nosso cérebro? Mistério dificilmente decifrável no âmbito do circuito racional humano. Nessa mesma matéria especial, publica-se um texto crítico à neuroteologia: *Faith is more than a feeling* [A fé é mais que um sentimento], de autoria de Woodward (2001). Diz o autor que a neuroteologia confunde as experiências espirituais de algumas pessoas crentes. Talvez estejamos fazendo novas descobertas sobre os circuitos do cérebro, mas nada novo sobre Deus. O maior erro desses "neuroteólogos", segundo Woodward, é identificar religião com experiências e sentimentos específicos, e confundir espiritualidade com religião. "Seria difícil imaginar um crente, em plena experiência mística, dizer para si próprio que tudo não passa de uma atividade de seus circuitos neuronais. A ciência não lida com o imaterial (embora alguns aspectos da física moderna se aproximem dele). O mais longe que os neurobiologistas poderão ir será fazer uma correlação entre determinadas experiências e certas atividades cerebrais. Sugerir que o cérebro é a única fonte de nossas experiências seria reducionismo, pois ignoraria a influência de outros fatores importantes, como a vontade, o ambiente externo, sem esquecer a graça divina" (WOODWARD, 2001).

Perguntamo-nos se a chamada neuroteologia não passa de uma nova forma refinada de reducionismo materialista. Com os progressos na área da genética e pesquisas em torno do genoma, na verdadeira caça aos genes, na pesquisa em torno de suas funções específicas, por exemplo, ouve-se falar até da possibilidade de identificar o "gene da fé"!

A busca de uma "espiritualidade de evidência"

Publicações internacionais de grande circulação e credibilidade científica começam a dedicar especial atenção à relação entre "religião" e "saúde", na busca de provas científicas de que a religião, a fé e a espiritualidade fazem bem e geram bem-estar. A edição especial da *Newsweek*, "God & health. Is religion good medicine: why science is starting to believe?" [Deus e saúde. A religião seria um bom remédio? Por que a ciência começa a crer?], assinada por Kalb (2003, pp. 40-46), apresenta a discussão sobre fé e espiritualidade.

Pergunta-se qual é a relação entre a fé e a cura. O debate cresce, envolve cientistas, crentes e não crentes. Nos Estados Unidos, inúmeras faculdades de medicina alteram o currículo de formação de seus futuros profissionais para estudar a questão e ensinar aos estudantes como tratar, junto aos pacientes, de aspectos relacionados à doença-saúde e fé-cura; além disso, aumentou muito o número de pacientes que solicitam orações a seus médicos.

Gundersen (2000) registra que "aproximadamente 30 faculdades médicas norte-americanas (os EUA possuem hoje 125 faculdades de medicina) incorporaram algum tipo de ensino religioso ou espiritual nos seus currículos. As faculdades de medicina de Harvard, Boston e Massachusetts estão ensinando aos estudantes de medicina como lidar com os pacientes a partir de sua história espiritual e assuntos relacionados" (GUNDERSEN, 2000). Segundo pesquisa relatada por Kalb (2003), 72% dos norte-americanos são favoráveis a dialogar com seus médicos sobre fé, e o mesmo número diz crer que, rezando a Deus, pode-se curar alguém, mesmo quando a ciência afirma que determinada pessoa não tem a mínima chance de cura.

Deus, que havia sido banido da prática clínica já havia algum tempo, passou a ser valorizado. Isso em grande parte acontece devido ao aumento da crença dos médicos de que o que ocorre na mente da pessoa pode ser tão importante para a saúde como o que ocorre no âmbito celular. Fazem-se investimentos científicos para "descobrir a natureza de

Deus" e a importância da espiritualidade. Cientistas renomados buscam caminhos éticos e meios efetivos de como combinar as crenças espirituais de seus pacientes e as próprias, com tratamentos de alta tecnologia. Como exemplo, o milionário Sir John Templeton investe 30 milhões de dólares anuais em projetos científicos para "explorar a natureza de Deus". Livros nessa área acabam sendo *best-sellers*, como, por exemplo, *The anatomy of hope* [A anatomia da esperança], de autoria do médico Jerome Groopman (2005), que é uma meditação sobre os efeitos do otimismo e da fé sobre a saúde. O Instituto Nacional de Saúde (NIH – *National Institutes of Health*) americano tem um orçamento de 3,5 milhões de dólares para os próximos anos em pesquisa sobre a medicina da mente e do corpo (*mind/body medicine*).

Um dos últimos *best-sellers* na França é o livro *Guérir* (em inglês: *The instinct to heal*), do médico francês radicado nos EUA, David Servan-Schreiber (2004), professor de psiquiatria no Centro Médico da Universidade de Pittsburgh. A obra é um estudo do tratamento de doenças crônicas, incluindo depressão, que explora a conexão entre mente e corpo. Ao ser perguntado sobre por que escreveu o livro, diz: "Descobri que a maioria dos meus pacientes com problemas médicos apresentava também problemas psiquiátricos. Isso aprofundou minha consciência da conexão mente-corpo". Estudos mostram que 50 a 70% dos problemas de cuidados primários em saúde têm o estresse como o maior fator desencadeador. Medicação para pressão sanguínea e anti-inflamatórios, bem como antidepressivos, são simplesmente paliativos para problemas interiores. Ainda segundo Servan-Schreiber (2004), "não é novidade o fato de que o amor é importante para a saúde. Mas não sabíamos, até muito recentemente, que a harmonia e as conexões emocionais são necessidades biológicas que se situam praticamente no mesmo nível da alimentação, do ar e do controle da temperatura". Ao ser perguntado sobre o papel da espiritualidade e da oração em relação à saúde, responde que a espiritualidade tem um papel essencial. Mas existe espiritualidade saudável e não saudável. Se a oração produz um estado de calma, amor e senso de pertença, isso tem uma correlação física positiva em relação à saúde. Mas, se a espiritualidade é moralista, não é necessariamente saudável. Existem técnicas que são positivas. Por exemplo, Inácio de Loyola fala de concentrar-se em gratidão na oração. Expressar gratidão pelo mundo produz um estado físico e mental positivo. Não é preciso necessariamente ser religioso. Servan-Schreiber, em entrevista concedida a Ginny Power em Paris para a *Newsweek* (2003, p. 46), recorre a Frankl (2003) em sua obra *Man's search for meaning* [O homem em busca de sentido], ao destacar a fala de uma mulher que está morrendo em um campo de concentração. Ela pode ver folhas em uma árvore através da pequena janela do seu quarto. Vendo vida, não necessariamente Deus, mas simplesmente a natureza, sente-se confortada. Servan-Schreiber (2004), ao ser perguntado sobre as pessoas que atribuem sua melhora de saúde às orações de outrem, afirma: "Não sei o que dizer, pois não posso explicar a partir de nosso sistema convencional de crenças".

De um período de fechamento e até de hostilidade por parte da medicina científica em relação à temática *fé-espiritualidade-cura*, presenciamos hoje uma grande abertura, profunda inquietação e espírito de busca. Claro que a medicina moderna exige provas científicas. Na última década, pesquisadores realizaram muitos estudos tentando mensurar cientificamente os efeitos da fé e da espiritualidade sobre a saúde humana. Perguntas cruciais são feitas e suas respostas são cada vez mais buscadas: a religião pode ajudar na regressão de um câncer? Na diminuição da depressão? Na recuperação de uma cirurgia mais rapidamente? A fé em Deus pode afastar a morte que se avizinha? Até o momento, os resultados não são tão claros, pois os estudos inevitavelmente esbarram na dificuldade de usar métodos científicos para responder a questões que são de ordem fundamentalmente existencial. Como medir o poder da oração?

O periódico científico *The Lancet* e o britânico *New England Journal of Medicine* entraram na discussão do tema em questão. Há os que negam tudo radicalmente e os que valorizam tudo em termos de fé. Alguns cientistas, como Richard P. Sloan, da Universidade de Columbia, ataca os estudos sobre a fé e a cura, acusando-os de metodologia fraca e pensamento *soft*. O autor acredita que a religião não tenha um lugar na medicina e que incentivar os pacientes a práticas espirituais pode mais causar danos que efeitos benéficos. No entanto, de forma respeitosa, Sloan (2000) afirma que os médicos devem se sentir livres para encaminhar os pacientes aos capelães hospitalares na perspectiva de que a conversação religiosa precisa continuar. Ninguém duvida de que, em tempos de dificuldade, a religião traz conforto para um número grande de pessoas. "A questão é se a medicina pode acrescentar algo a isso; minha resposta é não" (SLOAN, 2000). Outros, como Harold G. Koenig, pioneiro na pesquisa sobre fé e medicina, da Universidade de Duke, acredita que existe uma crescente evidência que aponta para os efeitos positivos da religião sobre a saúde e que afastar a espiritualidade da clínica é uma irresponsabilidade (KOENIG, 2000).

O NIH dos EUA criou uma comissão para avaliar o estado das pesquisas em torno da fé, da espiritualidade e da saúde, a fim de encontrar um sentido a partir da enxurrada de dados e trabalhos sobre a temática. Muitas produções são irrelevantes, descobriu a pesquisadora da área de epidemiologia, Llynda H. Powell (2003), que revisou mais de 150 trabalhos. Essa pesquisadora, porém, descobriu que as pessoas que frequentam a Igreja têm 25% de redução em mortalidade; isso significa que elas vivem mais que as pessoas que não frequentam. "Isto é realmente poderoso", afirma Powell.

Em um esforço para compreender as diferenças em saúde entre crentes e não crentes, cientistas começam a estudar os componentes individuais da experiência religiosa. Escaneando o cérebro, descobriram que a meditação pode mudar a atividade cerebral e fortalecer a resposta imunológica. Outros estudos mostraram que a meditação pode diminuir as batidas cardíacas e a pressão sanguínea, reduzindo consequentemente o estresse corporal.

De forma geral, os estudos sobre a oração não mostram resultados claros, e até mesmo pesquisadores que valorizam o componente religioso na vida das pessoas duvidam que se possa testar a oração através de resultados. Os estudos levantam questões que ninguém pode responder: uma oração extra pode significar uma diferença entre vida e morte? A oração pode ser dosada como se dosam os remédios? Rezar mais e fervorosamente significa um melhor tratamento por parte de Deus? Certamente, na mente de muitos, essas questões significam quase um sacrilégio.

Patrick Theillier, chefe da clínica médica em Lourdes, na França, encarregado de documentar relatos de peregrinos que dizem ter sido curados no santuário, diz: "Como médico, não posso dizer que essa cura é milagrosa. Mas, como católico praticante, posso reconhecer que ela é milagrosa" (THEILLIER, citado em *Newsweek*, 2001) Kenneth Pargament (2001), professor de psicologia na Bowling Green State University de Ohio, estudou os métodos religiosos que quase 600 pacientes tinham de lidar com doenças que iam desde uma gastroenterite até um câncer. Aqueles que pensavam que Deus os estava punindo ou abandonando eram em torno de 30% mais suscetíveis de morrer nos próximos dois anos. "Lutas espirituais são sinais vermelhos e precisam ser encaradas seriamente", diz Pargament. "Não queremos transformar a profissão médica em clero e capelães, mas tratar essas lutas isoladamente dos problemas médicos dos pacientes é miopia" (*Newsweek*, 2001).

Koenig (2000), diretor do Centro para o Estudo da Religião, Espiritualidade e Saúde, da Universidade de Duke, lidera o movimento para uma melhor compreensão da religião do paciente e crenças espirituais no âmbito da prática médica. Ele defende que os médicos devem valorizar as histórias espirituais dos pacientes com os quais irão estabelecer uma relação, perguntando: "A religião é fonte de conforto ou estresse? Você tem alguma crença religiosa que influencia nas decisões de sua vida?"

"Não perguntar a respeito da religião do paciente pode trazer consequências sérias", diz Susan Stangl (STANGL, 2003), da Universidade da Califórnia (Los Angeles), ao lembrar-se de um paciente muçulmano que necessitava de medicação, mas que estava observando o ramadã e não podia beber ou comer durante o dia. Após ouvir a história dos valores espirituais do paciente, a médica escolheu medicá-lo uma vez ao dia após o pôr do sol. "Se não tivéssemos conversado sobre o assunto, eu teria prescrito a ele medicação quatro vezes ao dia e ele simplesmente não teria tomado" (STANGL, 2003).

Temos, no horizonte de busca da cura de doenças crônicas e da "saúde perfeita", sinais interessantes de valorização do componente fé-espiritualidade relacionado à saúde. Já lembramos que muitas faculdades de medicina nos EUA estão oferecendo cursos específicos sobre espiritualidade ou integrando o tema aos currículos. Esperamos que isso também passe a ocorrer nas faculdades médicas brasileiras, que também estão introduzindo a discussão sobre bioética nos seus currículos. Valoriza-se, sempre mais, o ser humano como um todo. As pessoas desejam ser tratadas com dignidade e como gente, e não simplesmente identificadas como doenças ou partes do corpo doente. Acredita-se que ambientes humanizados são fatores de saúde e cura. Os valores humanísticos, que até há pouco tempo simplesmente não eram considerados importantes, estão sendo retomados no cuidado em saúde.

Explosão da "teodiversidade" na contemporaneidade

Essa radiografia do fenômeno religioso da contemporaneidade nos coloca diante da realidade de um declínio das crenças religiosas tradicionais e da preocupação crescente pela busca angustiante do significado da vida. Trata-se de uma religiosidade que põe ênfase na pessoa concreta, com seus gostos e sua capacidade de escolha. É a pessoa quem escolhe e determina o tipo de religiosidade.

E essa religiosidade passa pela experiência afetiva. Vale o que se experimenta. O sagrado, o religioso, se torna válido se passar pelo crivo da experiência pessoal, afetiva e emocional. Formam-se grupos e comunidade emocionais. Trata-se de uma religiosidade que oferece uma salvação "aqui e agora", que se tem de experimentar por meio da integração pessoal, do bem-estar corporal, psíquico e espiritual. Uma religiosidade que não apresenta problemas de ortodoxia e na qual prima por um forte ecletismo. Essa nova religiosidade é composta de retalhos de diversas origens: a ecologia e o pensamento científico, o exoterismo e as tradições orientais, o Cristianismo e a psicologia transpessoal etc. Enfim, uma "religiosidade pós-cristã" que deixou de lado o Cristianismo sem alarde, sem agressividades, colocando a tradição cristã como sendo uma entre as muitas tradições religiosas (LIBANIO, 2001).

Embora estejamos diante de uma explosão de religiões, a religião já não ocupa o lugar de destaque na sociedade atual como ocupou até um passado recente. Ela perdeu o princípio unificador de nossa vida, isto é, ela não regula mais as ações do dia a dia. Não obstante o declínio das práticas religiosas tradicionais (religião institucionalizada), não significa que o sagrado desapareceu; pelo contrário, ele permanece por meio de buscas de mística oriental e da religião como apoio para enfrentar os problemas cotidianos, tais como doenças incuráveis, crises afetivas, estresse etc. A relação que o crente estabelece com o transcendente embasa-se na busca da satisfação de seus próprios desejos e necessidades. A veneração de um ser superior acontece para atender de forma imediata às agruras do cotidiano. Ao longo da civilização, o secular e o religioso se envolvem de forma dialética, e hoje vemos o sagrado se manifestar de uma forma diferente.

É importante registrar o alerta crítico que faz o teólogo João Batista Libanio (2003) sobre o atual contexto de revalorização dos princípios da fé. Diz o autor que hoje se estabelece uma confusão entre "espiritualidade" e "emoção espiritual". Esta vem sendo alimentada por um esteticismo refinado, a fim de produzir sentimentos, gostos, mini-hedonismos espirituais. Nada mau, mas isso não é o cerne da espiritualidade cristã, que vai mais longe, tanto na linha vertical como na horizontal. Na linha vertical, ligando-nos ao Mistério do Deus-Trindade. Na linha horizontal, porque implica um compromisso com o irmão, especialmente o mais necessitado. Toda espiritualidade autêntica parte da experiência fundante de Deus. A pessoa sente-se movida internamente como se brotasse dela um desejo de Deus. A fé cristã reconhece tal moção interna e interpreta-a como ação do Espírito Santo no coração humano. O esteticismo com facilidade gera evasão da realidade, por causa de uma pós-modernidade insensível à dimensão ético-política da fé. Temendo o compromisso sociopolítico e a luta pela justiça, serve para consolar corações frustrados. Responde à tirania do prazer, do gosto e da satisfação dos sentimentos (mini-hedonismo). No espaço da espiritualidade, o esteticismo cresce acentuando a emoção e a interioridade longe da realidade.

Cria pequenos oásis espirituais para pessoas desencantadas do mundo. Lubrifica o sistema adaptando as pessoas às suas disfunções e aos seus problemas, não favorecendo nenhum processo de transformação da realidade (LIBANIO, 2003, p. 100).

A seguir, revisitamos, ainda que rapidamente, alguns cientistas contemporâneos representantes de um neodarwinismo radical, que em nome da evolução naturalista negam a existência de um Deus criador.

"Existe em nós um ateu potencial que grita e sussurra a cada dia suas dificuldades em crer."
CARLO MARIA MARTINI

"É lamentável que físicos como Stephen Hawking estejam divulgando teorias especulativas como quase concluídas (The Grand Design). A euforia na mídia é compreensível: o homem quer ser Deus. O desafio das teorias a que Hawking se refere é justamente estabelecer qualquer traço de evidência observacional, até agora inexistente. Não sabemos nem mesmo se essas teorias fazem sentido."
MARCELO GLEIZER

Cientistas, biólogos e filósofos
que negam a existência de Deus:
alguns depoimentos

> "O homem, em seu orgulho, criou Deus à sua imagem e semelhança."
> FRIEDRICH NIETZSCHE

Por ocasião da comemoração do bicentenário de nascimento do cientista britânico Charles Darwin (1809-1882) e dos cento e cinquenta anos do lançamento de sua obra-prima *A origem das espécies* (1859), tivemos inúmeras publicações de cientistas partidários da teoria evolucionista. Do outro lado, alguns partidários da teoria criacionista, esforçando-se por provar que evolução e criação não se contradizem, mas no fundo se complementam. Surge daí o debate entre evolução e fé, ciência e religião. O universo seria obra da evolução? Do acaso? Ou obra de um ser supremo chamado "Deus criador", como nos propõe a perspectiva da religião judaico-cristã? Enfim, um número significativo de pensadores alinhados na teoria neodarwinista vai procurar negar a religião e outros afirmá-la. Vejamos a seguir alguns desses pensadores e cientistas.

Dean Hamer

Em uma interessante entrevista concedida ao jornal *Folha de S. Paulo* (ÂNGELO, 2005), temos como título da reportagem: "Sociobiologia: pesquisador que descobriu o 'gene gay' nos anos 90 diz ter isolado trecho de DNA relacionado com a espiritualidade". Manchete: "Fé em Deus está nos genes, diz americano".

Dean Hamer, estudioso norte-americano da genética, em 1993, afirmou ter descoberto um trecho do DNA, que batizou como Xq28, supostamente responsável pela homossexualidade masculina. Essa descoberta o tornou inicialmente famoso, mas depois foi desacreditado, quando outros cientistas na área da genética comportamental falharam em replicar a descoberta.

Um dos seus últimos livros lançado no Brasil se chama *O gene de Deus*. O tal gene, isolado por Hamer e sua equipe no Instituto Nacional do Câncer, nos EUA, é identificado pela sigla vmat2. Ele estaria envolvido no transporte de uma classe de mensageiros químicos do cérebro, conhecidos como monoaminas, do qual o mais famoso é a serotonina, a molécula do bem-estar. Segundo Hamer, temos genes que facilitam que pensemos em Deus ou que imaginemos que exista um Deus.

Hamer distingue entre religião e espiritualidade. A espiritualidade diz respeito aos sentimentos interiores das pessoas. E a religião é um conjunto organizado de regras e regulações. A espiritualidade é como as pessoas se sentem sobre Deus ou qualquer que seja o criador, enquanto a religião é especialmente sobre quem é esse Deus e como ele age.

Ao ser perguntado se haveria pessoas sem capacidade bioquímica para a crença, ou "ateus inatos", ele afirma que todo mundo tem essa capacidade. Só que algumas pessoas têm um pouco mais, assim como todo mundo tem a capacidade de chutar uma bola de futebol, mas algumas pessoas têm mais talento.

No livro *O gene de Deus*, diz que milagres e curas estão ficando raros porque as pessoas tendem a confiar mais em médicos do que nos padres. Ao mesmo tempo, a religião está cada vez mais forte, como atesta o fundamentalismo cristão nos EUA e o islâmico no Oriente Médio. Não haveria uma contradição aqui? Ele vai longe ao afirmar que "as pessoas se preocupam muito com bombas atômicas e poluição. Eu acho que religião é um perigo muito maior para as pessoas — a religião que não é delimitada pela espiritualidade. E dou um exemplo: a Igreja Católica declarou que as pessoas não devem usar preservativos. O problema é que, com a disseminação do HIV, isso se torna uma sentença de morte para algumas pessoas. Para mim, não é muito espiritual dizer às pessoas que elas não podem fazer algo para proteger sua vida".

Daniel Dennett

Uma das afirmações mais divulgadas deste filósofo norte-americano é esta: "Não fomos criados à semelhança de Deus: Ele é que foi criado à nossa semelhança". Dennett é conhecido mundialmente por sua pesquisa voltada para a filosofia da mente e para a biologia. Ele entende a evolução por seleção natural como um processo algorítmico. Ateu assumido, escreveu inúmeras obras influentes do pensamento atual, entre elas *Quebrando o encanto* (DENNETT, 2006). A hipótese Deus não é necessária para explicar o fato de estarmos aqui, e a teoria da evolução, de Darwin, demonstra isso muito bem. Além de termos sido desbancados do nosso antropocentrismo após a formulação da teoria da evolução, precisamos, ainda, diz o filósofo, conviver com a constatação de que existe uma "incompatibilidade profunda" entre o processo "desprovido de propósito, mecânico e descuidado" que cria as coisas, e a concepção do designer inteligente. "Não há tarefa na criação da biosfera para a qual a inteligência seja necessária", sentencia. "Nós somos apenas uma espécie neste planeta maravilhoso, mas somos a espécie que tem conhecimento de que poderia protegê-lo contra desastres. Nós não somos 'criados à semelhança de Deus' (não, Deus foi criado à nossa semelhança), mas temos efetivamente uma versão imperfeita do poder, análogo ao divino, de providência e boa vontade, sendo, portanto, responsáveis pela segurança de todas as espécies" (*IHU on-line*, 2009).

Richard Dawkins

Este biólogo inglês é hoje o maior divulgador atual do darwinismo e um ateu militante. Chegou à biologia intrigado com as grandes questões sobre a origem da vida. Afirma que sua motivação inicial no estudo da biologia foi filosófica. Sua curiosidade voltava-se para o que ele chama de "grandes perguntas". Por que existe vida? Como ela surgiu na Terra? E suas respostas provêm de uma fonte fundamental: o pensamento de Charles Darwin (1809-1882).

Sua obra clássica é *O gene egoísta*, de 1976, quando tem início sua tentativa de apresentar uma nova visão de mundo. Seus livros são sempre críticos em relação à religião, e em especial em relação aos criacionistas. Sua cruzada contra a fé cresceu a partir do lançamento de *Deus, um delírio*, em 2006. Esta obra provocou várias contrarrespostas de teólogos, como a obra *O delírio de Dawkins: uma resposta ao fundamentalismo ateísta de Richard Dawkins* (McGRATH; McGRATH, 2007).

A mensagem fundamental de Dawkins é a teoria da evolução, formulada por Charles Darwin em seu clássico de 1859, *A origem das espécies*. Em *O gene egoísta*, Dawkins encontrou uma linguagem única para expressar o significado profundo desse processo. Ele viu a seleção natural do ponto de vista de sua unidade básica, o gene. As criaturas vivas, argumentava, nada mais são do que veículos para a replicação dos genes através da reprodução. Essa é até hoje a perspectiva básica da psicologia evolutiva, que busca explicar o comportamento animal (humano inclusive) em bases darwinistas. A obra *O gene egoísta* acabou se consolidando como uma referência fundamental para a biologia moderna. A descrição da vida que faz, a partir do gene, pode sugerir um materialismo duro e desencantado. A lição final, porém, é de um humanismo radical em que o ser humano é o único capaz de se rebelar contra a tirania cega dos genes (TEIXEIRA, in: *Veja*, 8/7/2009, pp. 443-145).

Richard Dawkins apoiou a campanha que colocou cartazes nos tradicionais ônibus vermelhos de Londres com os dizeres: "Deus provavelmente não existe. Então pare de se preocupar e aproveite a vida". Para o biólogo inglês, não há nenhuma solução que reserve lugares distintos para a ciência e a religião. "Ao contrário do que muitos afirmam, os dois campos se interpõem, sim. A visão religiosa do universo, a ideia de que o universo tem um criador, é, a seu modo, uma teoria científica, embora equivocada", ele afirma.

Na obra *Deus, um delírio*, Dawkins argumenta que a existência de Deus (ou Alá) é cientificamente improvável e que crer nele não só é inútil e supérfluo, mas também prejudicial. De acordo com o autor, ninguém precisa de Deus para ter princípios morais, para fazer o bem, para apreciar a natureza. O objetivo de seu livro é não apenas provocar os religiosos convictos, mas principalmente levar os religiosos "por inércia" a pensar racionalmente a sua crença, trocando-a pelo orgulho ateu e pelo amor à ciência.

Em um forte tom pejorativo e depreciativo, ao justificar a expressão "delírio" no título de sua obra, diz: "O dicionário que vem com o Microsoft Word define delírio como 'uma falsa crença persistente que se sustenta mesmo diante de fortes evidências que a contradigam, especialmente como sintoma de um transtorno psiquiátrico'. A primeira parte captura perfeitamente a fé religiosa". Quanto a ser ou não um sintoma de transtorno psiquiátrico, Dawkins concorda com Robert M. Pirsig, que diz: "Quando uma pessoa sofre de um delírio, isso se chama insanidade. Quando muitas pessoas sofrem de um delírio, isso se chama religião. Se este livro funcionar do modo como pretendo, os leitores religiosos que o abrirem serão ateus quando o terminarem" (DAWKINS, 2008, p. 29). Quanto otimismo e quanta presunção!

Edgar Morin

Esse intelectual francês, autor de inúmeras obras traduzidas para o português, em uma entrevista ao repórter Gonçalves Filho, do jornal *O Estado de S.Paulo* (FILHO, 2009, D 6), ao ser perguntado a respeito do tema "metamorfose", em um de seus livros, *O homem e a morte*, fala da religião como um problema fundamental da humanidade, uma dificuldade de aceitar o fim. "Deus ainda é um conjunto de ideias ou ele toma outra configuração à medida que o senhor se aproxima do seu centenário?" Morin responde: "No livro mencionado, parto da constatação de que, desde que os seres humanos surgiram, essa é uma questão fundamental da humanidade, sempre às voltas, desde tempos remotos, com religiões que tentam superar a morte. Então, temas como o renascimento e as religiões salvacionistas precisam ser estudados — a história de um Deus que morre e renasce, como a de Jesus, é fascinante. Nas sociedades arcaicas existem os espectros, os espíritos dos mortos, mas não Deus, e sim deuses, que são ideias, mas que obrigam comunidades a exigir sacrifícios humanos. Então, a questão é saber se as sociedades modernas podem viver sem religião. Não acredito em religiões de revelação, como o Cristianismo e o Islamismo, mas, além delas e das arcaicas, existe ainda uma terceira religião, que eu classificaria de laica, ou a religião da fraternidade humana. Estamos perdidos em um pequeno planeta dentro de um sistema e, justamente por estarmos perdidos, precisamos ajudar uns aos outros. Assim, ou enfrentamos a metamorfose ou seremos destruídos" (FILHO, 2009, p. D 6).

Luc Ferry

Luc Ferry, filósofo francês, foi Ministro da Cultura da França (2002-2004). Tem inúmeras obras escritas, inclusive várias delas traduzidas para o português no Brasil. Uma das mais recentes é *O homem-Deus ou o sentido da vida*, da qual apresentaremos alguns pensamentos a seguir nas palavras do próprio autor (FERRY, 2007). Aqui não se trata de negar a Deus ou a religião propriamente ditos. Ferry apresenta, de uma forma bastante criativa, a perspectiva de um movimento duplo de humanizar o divino e divinizar o humano.

A questão do sentido da vida, que sempre esteve ao encargo da filosofia e das grandes religiões, parece ter desertado da esfera pública, diz Luc Ferry. Por influência da laicidade, ela se transformou em uma questão privada, individual, restrita ao domínio da intimidade. A pessoa, na modernidade, enfrenta sozinha as experiências cruciais da existência humana: luto, perdas, radicalismo do mal e do amor etc.

Para Luc Ferry, a questão do sentido se recompõe lentamente sobre a base de um processo duplo. De um lado, *a humanização do divino*, que caracteriza, desde o século XVIII, o crescimento da laicidade na Europa. Em nome da liberdade de consciência e da rejeição dos dogmatismos, o conteúdo da revelação cristã não cessou de ser "humanizado". Mas, paralelamente, é também a uma *divinização do humano* que assistimos, ligada a um acontecimento maior: o nascimento da família e do amor modernos, que fundamentam o laço social mais preciso, não sobre a tradição, mas sobre o sentimento e a afinidade eletiva. Às transcendências "verticais" de outrora — Deus, a Pátria, a Revolução —, opõe-se cada vez mais a transcendência "horizontal" dos simples humanos.

Advento do homem-Deus, pergunta-se Luc Ferry? As controvérsias contemporâneas são testemunhas: da bioética ao humanitário, é o homem como tal que assume a figura do sagrado. Para além do bem e do mal, é toda a questão da possibilidade de uma sabedoria ou de uma espiritualidade leigas que se encontra colocada. Luc Ferry tenta demonstrar uma nova relação com o sagrado: uma transcendência inscrita na imanência à subjetividade humana, no espaço de um humanismo do homem-Deus. O humanismo "transcendental" de Luc Ferry não rejeita o sagrado nem a transcendência, apesar de recusar concebê-los pelo modo dogmático do teológico-ético.

Esse humanismo há de irritar os cristãos tradicionalistas, que veem no movimento de humanização do divino um processo sacrílego e idólatra. Mas a divinização do humano suscita igualmente a desconfiança e a ironia dos materialistas: eles percebem, nesse novo espiritualismo, um avatar suplementar do idealismo que, perseguido pela atividade científica ou crítica, logo teria seus dias contados. Esse cruzamento entre a humanização do divino e a divinização do humano é um ponto, e este ponto é uma confusão, afirma Luc Ferry. "Entre os materialistas, porque o reconhecimento de transcendências escapa da lógica da ciência e da genealogia. Entre os cristãos, é claro, porque os obriga a reformularem suas crenças em termos que possam ser, enfim, compatíveis com o princípio de rejeição dos argumentos de autoridade. Mas, se o divino não é de ordem material, se sua 'existência' não está no espaço e no tempo, é mesmo no coração dos homens que se deve agora situá-lo e nessas transcendências que eles percebem, neles próprios, lhes pertencerem e lhes escaparem para sempre" (FERRY, 2007, p. 208).

Michel Onfray

Filósofo francês, muito lido na atualidade, está escrevendo uma polêmica obra em seis volumes: *Contra-história da filosofia*. Sua famosa obra *Tratado de ateologia: física da metafísica* foi publicada em mais de vinte países e somente na França já vendeu mais de duzentos mil exemplares (ONFRAY, 2007).

Esse autor francês diz que muitas vezes viu Deus na sua existência e descreve as inúmeras situações e experiências em que se sentiu tocado pelo transcendente. Mas ledo engano que isso o levaria a optar por uma afirmação de Deus. Respeitoso das crenças alheias, porém vai ser cruel contra o pensamento religioso. Em suas palavras: "Em nenhum lugar desprezei aquele que acreditava nos espíritos, na alma imortal, no sopro dos deuses, na presença dos anjos, nos efeitos da prece, na eficácia do ritual, na legitimidade das encantações, nos milagres com hemoglobina, nas lágrimas da Virgem, na ressurreição de um homem crucificado, nas virtudes dos cauris, nas forças xamânicas, no valor do sacrifício animal [...]. Mas em toda parte constatei quanto os homens fabulam para evitar olhar o real de frente. A criação de além-mundos não seria muito grave se seu foco não fosse tão alto: o esquecimento do real, portanto a condenável negligência do único mundo que existe. Enquanto a crença indispõe com a imanência, portanto com o eu, o ateísmo reconcilia com a terra, outro nome da vida" (ONFRAY, 2007, p. XVII).

Onfray fala de uma grande clareza ateológica como uma nova disciplina: "As luzes que seguem Kant são conhecidas: Feuerbach, Nietzsche, Freud, entre outros. A *era da suspeita* permite ao século XX um real desacoplamento da razão e da fé, depois uma volta das armas racionais contra as ficções da crença. Enfim, uma limpeza do terreno e a liberação de uma nova área. Nessa zona metafísica virgem, uma disciplina inédita pode nascer: vamos chamá-la de *ateologia*" (ONFRAY, 2007, p. XXIV).

Nosso autor assume os valores do Iluminismo e radicaliza: "Para defender os valores das Luzes contras as proposições mágicas, é preciso promover uma laicidade pós-cristã, ou seja, ateia, militante e radicalmente oposta a toda escolha de sociedade entre o judeo-cristianismo ocidental e o islã que o combate. Nem Bíblia, nem o Corão. Aos rabinos, aos padres, aos imãs, aiatolás e outros mulás, persisto em preferir a filosofia. A todas essas teologias, prefiro recorrer aos pensamentos alternativos à historiografia filosófica dominante: os materialistas, os radicais, os cínicos, os hedonistas, os ateus, os sensualistas, os voluptuosos. Estes sabem que existe apenas um mundo e que toda promoção de um além-mundo nos faz perder o uso e o benefício do único que existe" (ONFRAY, 2007, p. 189).

Onfray se apresenta com uma visão demolidora e debocha das crenças religiosas. Afirma que os três monoteísmos (Judaísmo, Cristianismo e Islamismo) são animados por uma mesma pulsão, pela morte genealógica. Partilham de uma série de desprezos idênticos tais como: ódio à razão e a inteligência, ódio à liberdade, ódio à sexualidade, às mulheres e ao prazer; ódio ao corpo, aos desejos. Em vez e no lugar de tudo isso, essas religiões defendem: a fé e a crença, a obediência e a submissão, o gosto pela morte e a paixão pelo além... Resumindo tudo, "há um grande sim para a vida crucificada e o nada celebrado".

Enfim, estamos diante de uma visão profundamente pessimista e negativa da religião, já que a visão onfrayana fica presa no círculo vicioso da imanência materialista. Tudo se resume no aquém e qualquer aceno para o além transcendente constitui uma patologia do pensamento e espírito humano, que distrai da "verdadeira realidade" materialista.

Marcelo Gleiser

Cientista brasileiro, professor de física teórica no Dartmouth College, em Hanover nos EUA. Mantém uma coluna semanal no jornal *Folha de S.Paulo*, o periódico de maior circulação no Brasil, na qual frequentemente discute com o grande público questões de ciência e crença (GLEISER, 2010a). Também lançou recentemente uma obra com um título sugestivo: *Criação imperfeita; cosmo, vida e o código oculto da natureza* (GLEISER, 2010b).

Gleiser diz que a pergunta que mais lhe é feita quando dá palestras, ou mesmo quando lhe escrevem e-mails, é se ele acredita em Deus, e quando responde que não acredita, ele percebe um ar de confusão, às vezes até de medo, no rosto da pessoa, que não raro pergunta "mas como o senhor consegue dormir à noite?". Apresentamos, a seguir, alguns trechos mais significativos de uma reflexão publicada na *Folha de S.Paulo*, intitulada justamente "Sobre a crença e a ciência" (GLEISER, 2010).

Gleiser reconhece que, "ao seguirmos a velha rixa entre a ciência e a religião, vemos que à medida que a ciência foi progredindo, foi também ameaçando a presença de Deus no mundo. Mesmo o grande Newton via um papel essencial para Deus na natureza: ele interferiria para manter o cosmo em ordem, de modo que os planetas não desenvolvessem instabilidades e acabassem todos amontoados no centro, junto ao Sol. Porém, logo ficou claro que esse Deus era desnecessário, que a natureza poderia cuidar de si mesma. O Deus que interferia no mundo transformou-se no Deus criador: após criar o mundo, deixou-o à mercê de suas leis. Mas, nesse caso, o que seria de Deus? Se essa tendência continuasse, a ciência tornaria Deus desnecessário?" (GLEISER, 2010).

Comenta o cientista que o surgimento da crença de que a tarefa da ciência é roubar Deus das pessoas surgiu exatamente dessa tensão. Muita gente pensa que o objetivo dos cientistas é acabar com a crença de todo mundo. Ele é extremamente crítico dos fundamentalistas ateus, tais como Richard Dawkins e outros cientistas ateus militantes, que acusam os que creem de viverem em um estado de delírio permanente, pois não ajudam em nada. "Eu conheço muitos cientistas religiosos, que não veem nenhum conflito entre a sua ciência e a sua crença. Para eles, quanto mais entendem o universo, mais admiram a obra do seu Deus. Mesmo que essa não seja a minha posição, respeito os que creem".

Para Gleiser, "a ciência não tem uma agenda contra a religião. Ela se propõe simplesmente a interpretar a natureza, expandindo nosso conhecimento do mundo natural. Sua missão é aliviar o sofrimento humano, aumentando o conforto das pessoas, desenvolvendo técnicas de produção avançadas, ajudando no combate às doenças". É óbvio que, como já afirmava Einstein, crer em um Deus que interfere nos afazeres humanos é incompatível com a visão da ciência de que a natureza procede de acordo com leis que, bem ou mal, podemos compreender. O problema se torna sério quando a religião se propõe a explicar fenômenos naturais. Dizer que o mundo tem menos de sete mil anos ou que somos descendentes diretos de Adão e Eva, que, por sua vez, foram criados por Deus, é equivalente a viver no século XVI ou antes disso.

Para Gleiser, a ciência é um método de conhecimento, de descobrir significados. Nossa curiosidade sobre o mundo é alimentada pelo mesmo senso de veneração que inspira a fé dos santos e os feitos dos sábios, o que Einstein chamou de "sentimento religioso cósmico". A ciência será sempre instigante e maravilhosa, mesmo que incompleta. Ao aceitarmos que a ciência é uma criação humana e não um fragmento de um conhecimento divino e perfeito, nós a tornamos parte da nossa identidade como seres imensamente criativos mas não infalíveis (GLEISER, 2010, p. 308).

Existem dois tipos de pessoas, segundo Gleiser: os naturalistas e os sobrenaturalistas. "Os sobrenaturalistas veem forças ocultas por trás dos afazeres dos homens, vivendo escravizados por medos apocalípticos e crenças inexplicáveis. Os naturalistas aceitam que nunca teremos todas as respostas. Mas, em vez de temer o desconhecido, abraçam essa ignorância como um desafio e não como uma prisão".

Fica evidente que o conceito de sobrenatural de Gleiser é radicalmente reducionista quando se atrela única e exclusivamente à linha de um fundamentalismo apocalíptico. Nessa perspectiva, opta por ser um naturalista e responde à pergunta de seu interlocutor de que "é por isso que dorme bem à noite". Para ele, "espiritualidade não está ligada a uma dimensão religiosa sobrenatural, oposta ao mundo material. Também não está ligada a uma possível conexão espiritual com a 'mente de Deus' que os unificadores buscam em uma teoria final (Einstein, por exemplo). O que inspira minha espiritualidade é a ligação profunda que sinto com a natureza, é uma celebração da vida" (GLEISER, 2010, p. 42).

Após esta breve viagem através do pensamento de vários cientistas, biólogos, físicos e filósofos (Dean Hamer, Daniel Dennett, Richard Dawkins, Edgar Morin, Luc Ferry, Michel Onfray e Marcelo Gleiser), podemos respeitosamente afirmar: ainda bem que Deus é espírito e não pode ser encontrado pelo telescópio ou pelo microscópio, assim como o pensamento ou as emoções humanas não podem ser encontrados na análise do cérebro. A religião cristã se baseia em uma fé revelada. Não é fundamentalmente no conhecimento humano científico que vai buscar seus fundamentos últimos relacionados com o sentido maior da vida humana e do universo, mas nem por isso despreza a razão. Muito pelo contrário, razão e fé se dão as mãos e se fecundam harmoniosamente. A tentativa arrogante e reducionista de privilegiar somente a razão (racionalismo), o conhecimento científico (cientificismo) como critério de verdade e certeza para a compreensão e explicação das coisas da vida e do universo acaba criando um "deus fantoche", "criado à nossa imagem e semelhança". Vejamos a seguir os caminhos trilhados por cientistas que não se tornam menos cientistas por professarem uma fé e se descobrirem como seres humanos como "imagem e semelhança de Deus".

"A ciência é a única forma confiável para entender o mundo da natureza, e as ferramentas científicas, quando utilizadas de maneira adequada, podem gerar profundos discernimentos na existência material. A ciência, entretanto, é incapaz de responder a questões como: Por que o universo existe? Qual o sentido da existência humana? O que acontece após a morte? Uma das necessidades mais fortes da humanidade é encontrar respostas para as questões mais profundas, e temos de apanhar todo o poder de ambas as perspectivas, a científica e a religiosa, para buscar a compreensão tanto daquilo que vemos como do que não vemos."

FRANCIS COLLINS

Cientistas, filósofos e teólogos
que afirmam a existência de Deus:
algumas reflexões

> "Para os crentes, Deus está no princípio das coisas.
> Para os cientistas, no final de toda a reflexão."
> MAX PLANCK

Francis S. Collins

Pergunta-se: ser um bom cientista e ao mesmo tempo acreditar em Deus é possível? Um exemplo maiúsculo é o diretor do Projeto Genoma Humano, Francis S. Collins, que assume ser cristão convertido e que lançou nos EUA a obra *The language of God: a scientist presents evidence for belief* (COLLINS, 2007), a qual foi traduzida no Brasil com o título *A linguagem de Deus: um cientista apresenta evidências de que Ele existe*. De uma forma muito lúcida e até testemunhal, mas sem perder o rigor típico do pesquisador, tem por objetivo, como ele enfatiza, "explorar uma trilha rumo a uma integração sóbria e intelectualmente honesta", da perspectiva tanto científica quanto religiosa, e argumentar que "a crença em Deus pode ser uma opção completamente racional e que os princípios da fé são, na verdade, complementares aos da ciência". O autor apresenta, na primeira parte, sua trajetória pessoal do ateísmo à crença; a seguir fala das grandes questões da existência humana (as origens do universo, decifrando o manual de instruções de Deus: as lições do genoma humano) e finalmente, na terceira parte, fala da fé na ciência, fé em Deus, discutindo o Gênesis, Galileu e Darwin, apresentando por fim quatro alternativas: (1) ateísmo e agnosticismo; (2) criacionismo; (3) design inteligente; (4) biólogos.

Apresentamos alguns destaques de seu pensamento que nos questionam pela sua objetividade e serenidade. "Eis aqui a pergunta central deste livro: nesta era moderna de cosmologia, evolução e genoma humana, será que ainda existe a possibilidade de uma harmonia satisfatória entre a visão de mundo científica e a espiritual? Eu respondo com um sonoro Sim! Em minha opinião, não há conflito entre ser um cientista que age com severidade e uma pessoa que crê num Deus que tem interesse pessoal em cada um de nós. O domínio da ciência está em explorar a natureza. O domínio de Deus encontra-se no mundo espiritual, um campo que não é possível esquadrinhar com os instrumentos e a linguagem da ciência; deve ser examinado com o coração, com a mente e com a alma — e a mente deve encontrar uma forma de abraçar ambos os campos" (COLLINS, 2007, p. 14).

Afirma Collins (2007) que "a ciência é a única forma confiável para entender o mundo da natureza, e as ferramentas científicas, quando utilizadas de maneira adequada, podem gerar profundos discernimentos na existência material. A ciência, entretanto, é incapaz de responder a questões como: 'Por que o universo existe? Qual o sentido da existência humana? O que acontece após a morte?' Uma das necessidades mais fortes da humanidade é encontrar respostas para as questões mais profundas, e temos de apanhar todo o poder de ambas as perspectivas, a científica e a religiosa, para buscar a compreensão tanto daquilo que vemos como do que não vemos" (COLLINS, 2007, pp. 14-15).

No ano 2000, quando iniciávamos um novo milênio, finalmente se chegou ao final da pesquisa da descoberta do primeiro rascunho do genoma humano, ou seja, nosso manual de instruções ficava pronto. O Presidente Clinton, na cerimônia comemorativa do feito, falava para o mundo inteiro "do mapa mais importante e mais extraordinário já produzido pela humanidade". No entanto, segundo Collins (2007), a parte de seu discurso que mais chamou a atenção do público saltou da perspectiva científica para a teológica, espiritual. "Hoje — disse Clinton — estamos aprendendo a decifrar a linguagem com a qual Deus criou a vida. Ficamos ainda mais admirados pela complexidade, pela beleza e pela maravilha da dádiva mais divina e mais sagrada de Deus" (COLLINS, 2007, p. 10).

O discurso de Clinton foi cuidadosamente preparado por Collins, junto com o redator do discurso do presidente. No seu discurso, Collins assim se expressa: "É um dia feliz para o mundo. Para mim não há pretensão nenhuma, e chego mesmo a ficar pasmo ao perceber que conseguimos o primeiro traçado de nosso manual de instruções, anteriormente conhecido apenas por Deus" (COLLINS, 2007, p. 11).

Interessante registrar alguns dos questionamentos de Collins: "O que se passava lá? Por que um presidente e um cientista, no comando do anúncio de um marco da Biologia e da Medicina, se sentiram impelidos a evocar uma conexão com Deus? Não existe um antagonismo entre as visões de mundo científica e espiritual? Ambas não deveriam, ao menos, evitar aparecer lado a lado no Salão Leste? Quais os motivos para evocar Deus nesses dois discursos? Poesia? Hipocrisia? Uma tentativa cínica de bajular as pessoas religiosas ou de desarmar as que talvez criticassem o estudo do genoma humano como se este reduzisse a humanidade a um maquinário?".

Não, nada disso, muito pelo contrário. Para Collins, "a experiência de mapear a sequência do genoma humano e descobrir o mais notável de todos os textos foi, ao mesmo tempo, uma realização científica excepcionalmente bela e um momento de veneração". Em suma, segundo Collins "a ciência não deve sentir-se ameaçada por Deus, mas sim reforçada. E Deus certamente não está ameaçado pela ciência; foi Ele quem tornou tudo isso possível" (COLLINS, 2007, p. 11). Enfim, para ele o Deus da tradição judaico-cristã é o mesmo do genoma. Pode ser adorado e glorificado tanto em uma catedral quanto em um laboratório.

Carl Gustav Jung

Poucos estudiosos deram mais importância à espiritualidade do que C. G. Jung (JUNG, 1985). Ele via na espiritualidade uma exigência fundamental e arquetípica da psique na escalada rumo à plena individuação. A *imago Dei* ou o arquétipo Deus ocupa o centro do *Self*: aquela Energia poderosa que atrai a si todos os arquétipos e os ordena ao seu redor como o Sol o faz com os planetas. Sem a integração deste arquétipo axial, o ser humano fica manco e míope e com uma incompletude abissal (BOFF, 2009, p. 3).

Jung escreveu: "Entre todos os meus clientes na segunda metade da vida, isto é, com mais de 35 anos, não houve um só cujo problema mais profundo não fosse constituído pela questão da sua atitude religiosa. Todos em última instância estavam doentes por terem perdido aquilo que uma religião viva sempre deu em todos os tempos, a seus seguidores. E nenhum se curou realmente sem recobrar a atitude religiosa que lhe fosse própria. Isto está claro. Não depende absolutamente de uma adesão a um credo particular, nem de tornar-se membro de uma Igreja, mas da necessidade de integrar a dimensão espiritual" (citado em BOFF, 2009, p. 3).

Segundo Leonardo Boff, a função principal da espiritualidade é nos religar a todas as coisas e à Fonte donde promana todo o ser, Deus. O drama do ser humano atual é ter perdido a espiritualidade e sua capacidade de viver um sentimento de conexão. O que se opõe à espiritualidade não é a irreligião ou o ateísmo, mas sim a incapacidade de ligar-se e religar-se com todas as coisas. Hoje as pessoas estão desconectadas da Terra, da *anima* (da dimensão do sentimento profundo) e por isso sem espiritualidade (BOFF, 2009, p. 3).

Para C. G. Jung, o grande problema atual é de natureza psicológica, entendendo-se psicologia no sentido abrangente, como a totalidade da vida e do universo, enquanto percebidos e referidos ao ser humano — seja pelo consciente seja pelo inconsciente coletivo. É nesse sentido que escreveu: "É minha convicção mais profunda que, a partir de agora, até a um futuro indeterminado, o verdadeiro problema é de ordem psicológica. A alma é o pai e a mãe de todas as dificuldades não resolvidas que lançamos ao céu" (citado em BOFF, 2009, p. 3).

Conclui Leonardo Boff, afirmando que "Carl Gustav Jung se mostra um mestre e um guia que nos traça um mapa apto a nos orientar nestes momentos dramáticos que a humanidade vive. Ele acreditava no transcendente e no mundo espiritual, agora colocado no centro de nossas buscas, que nos permitirá viver com sentido a fase nova da Terra e da Humanidade, a fase planetária e espiritual" (BOFF, 2009, p. 3).

Van Rensselaer Potter

Em um artigo publicado na revista *The Scientist* com o sugestivo título *Science, religion must share quest for global survival* [A ciência e a religião devem partilhar da mesma busca em relação à sobrevivência global], Van Rensselaer Potter, um dos pioneiros da bioética nos EUA, afirma que nós não podemos mais ficar confortáveis com a ideia de que no futuro, se as coisas piorarem, a ciência terá as respostas. O momento para agir e provar nossa competência ética, bem como técnica, é agora. "Uma questão central para os nossos esforços deve ser a promoção do diálogo entre a ciência e a religião em relação à sobrevivência humana e da biosfera. Durante séculos, a questão dos valores humanos foi considerada como estando para além do campo científico e propriedade exclusiva dos teólogos e filósofos seculares. Hoje devemos sublinhar que os cientistas têm não somente valores transcendentes mas também os que estão embutidas no *éthos* científico. Tais valores necessitam ser integrados com aqueles da religião e filosofia para facilitar processos políticos benéficos para a saúde global do meio ambiente" (POTTER, 1994, p. 4).

Na busca de companheiros para essa causa, Potter registra que muitos livros e artigos abordaram os problemas do meio ambiente e saúde humana, mas relativamente poucos enfocaram a questão da sobrevivência da espécie humana no futuro. Entre os autores citados temos: Hans Jonas, com sua obra *O princípio responsabilidade: ensaio de uma ética para a civilização tecnológica* (JONAS, 2006); o sociólogo Manfred Stanley, com sua obra *The technological conscience: survival and dignity in an age of expertise* [A consciência tecnológica; sobrevivência e dignidade numa era de *expertise*. University of Chicago Press, 1981]; e Hans Küng, conhecido teólogo católico, autor de inúmeras obras teológicas e que foi o mentor e redator da famosa *Declaração para uma ética global*, documento final do Parlamento Mundial das Religiões, que se reuniu em Chicago em 1993 (KÜNG; SCHMIDT, 1998).

É sobre Küng que Potter vai tecer alguns comentários que nos interessam aqui na perspectiva de construção de uma ponte entre a ciência e a religião. Potter tem uma apreciação crítica em relação à perspectiva da ética global dele. Afirma que no cerne da moral religiosa defendida por Küng não está incorporada a preocupação com o rápido crescimento populacional. Destaca que algumas das maiores religiões mundiais, em particular o Cristianismo e o Islamismo, estão entre as que mais contribuem para a "atual e assustadora taxa de crescimento populacional".

Potter vai além ao dizer que não somente os teólogos mas também os filósofos seculares falharam em pensar sobre a sobrevivência humana e da biosfera como uma questão ética. A reflexão ética ficou restrita a relações interpessoais ou sociais entre os humanos, excluindo, portanto, questões de comportamento relacionadas com o crescimento populacional e os problemas ecológicos. Potter destaca como algo importante da famosa declaração sobre ética global o fato de não poder haver sobrevivência sem uma ética mundial, de que não existirá paz mundial sem a paz entre as religiões e uma aliança entre crentes e não crentes (ateus, agnósticos e outros), respeitando-se mutuamente; pode também ser necessária a concretização de uma ética mundial comum a todos os humanos. "Os cientistas devem aplaudir os esforços de Hans Küng ao apontar para construção de uma aliança reconciliatória entre crentes e aqueles que não são fundamentalmente caracterizados como religiosos, incluindo entre estes, penso, a maioria dos cientistas. Precisamos unir as forças diante da responsabilidade global da sobrevivência humana, e seu apelo pelo 'respeito mútuo' é necessário para uma ética mundial comum" (POTTER, 1994, p. 6).

Nesse diálogo entre ciência e religião, sintetizando as questões-chave desse assunto, vale destacar o que Potter diz a propósito da "Declaração das religiões sobre uma ética global". "Estamos conscientes de que as religiões não podem resolver os problemas econômicos, políticos e sociais da Terra. Contudo, elas podem prover o que não podemos conseguir através dos planos econômicos, programas políticos e regulamentações legais. As religiões podem causar mudanças na orientação interior, na mentalidade, nos corações das pessoas e levá-las para uma 'conversão' de um 'falso caminho' para uma nova orientação de vida. As religiões, contudo, são capazes de dar às pessoas um horizonte de sentido para suas vidas e um lar espiritual. Certamente as religiões podem agir com credibilidade somente quando eliminarem os conflitos que surgem entre elas mesmas e desmantelarem imagens hostis e preconceitos, medos e desconfianças mútuas" (POTTER, 1994).

Enfim, a ciência e a religião têm uma longa batalha histórica, de hegemonia pela verdade. Quando hegemônica, uma tenta negar a outra. Agora precisam andar juntas, de mãos dadas em função de um objetivo maior, uma causa que interessa a toda a humanidade: garantir o futuro da vida humana e do planeta Terra (BARROS; BETTO, 2009).

Albert Einstein

Muito já se escreveu sobre a suposta crença de Albert Einstein em Deus, e pouca gente duvida dela. Aliás, ele mesmo se dizia "profundamente religioso". Uma de suas declarações mais lembradas é esta: "A ciência sem religião é paralítica; a religião sem a ciência é cega" e também de que "os cientistas sérios são os únicos homens profundamente religiosos". Muita gente até utiliza essa perspectiva religiosa de Einstein para combater o ateísmo. Afinal, se o maior cientista da era moderna acreditava, quem somos nós para não acreditar?!

Ocorre que a história não é tão simples assim. Temos que nos perguntar em que Deus é que Einstein acreditava. Em 1954, ele escreveu que "não acreditava em um Deus pessoal". Para ele, só os ingênuos são capazes de aceitar a ideia do Criador de características humanas, onipotente e onisciente, comum às grandes religiões monoteístas. "Se há algo em mim que possa ser chamado de religioso, é a admiração ilimitada pela estrutura do mundo, do modo como nossa ciência é capaz de revelar. A ideia de um Deus pessoal me é bastante estranha, e me parece até ingênua." É ainda Einstein que vai afirmar: "Jamais imputei à natureza um propósito ou um objetivo, nem nada que possa ser entendido como antropomórfico. O que vejo na natureza é uma estrutura magnífica que só compreendemos de modo muito imperfeito, e que não tem como não encher uma pessoa racional de um sentimento de humildade. É um sentimento genuinamente religioso, que não tem nada a ver com misticismo" (DAWKINS, 2008, pp. 38-39).

Albert Einstein era filho de judeus nada religiosos, mas seguia com fervor os rituais judaicos como o *shabat*. Segundo Walter Isaacson, biógrafo norte-americano do físico alemão, aos 12 anos desistiu da religião judaica. "Ao ler os primeiros livros de ciência, ele acabou concluindo que muito do que havia nos textos sagrados não poderia ser verdade". Ele abandou a crença judaica, mas manteve sua admiração pela harmonia e pela beleza do universo. Adulto, dizia professar uma "religiosidade cósmica", que pouca gente entendia; gerou muita polêmica e por isso voltava à questão com frequência em seus escritos tentando explicá-la (ISAACSON, 2007).

Para dirimir toda esta celeuma, certa vez o físico americano e rabino ortodoxo Herbert Golstein enviou-lhe um telegrama perguntando: "Você acredita em Deus? Resposta paga — 50 palavras". Einstein responde: "Acredito no Deus de Spinoza, que se revela na harmonia de tudo o que existe, não num Deus atento ao destino e às ações da humanidade". A referência é ao filósofo holandês Baruch Spinoza, defensor de um Deus sem personalidade, sem vontades e que se manifestava apenas na natureza ordenada do cosmo. Estamos diante de uma visão panteísta. "De certa forma, não existe separação entre Deus e o mundo. Deus é a natureza, em vez de ser seu Criador", afirma o pesquisador Mathew Stanley da Universidade de Nova York.

Segundo Einstein, todo evento no mundo físico é causado por outro evento físico, e toda causa é descrita com precisão pelas leis científicas. Na ordem que rege o cosmo, não haveria espaço para o Deus das grandes religiões.

Pierre Teilhard de Chardin

Pierre Teilhard de Chardin (jesuíta francês, teólogo, filósofo e paleontólogo) é muito conhecido por construir uma visão integrada entre ciência e teologia. Ele estabelece um diálogo entre fé e ciência ao ver que "somos cocriadores do universo, tão desejado por Deus, que temos uma séria responsabilidade para com toda a criação divina e que a nossa própria derradeira salvação está intimamente ligada à forma como amamos esse universo".

A evolução do universo é contínua e ainda está em curso. O universo fértil deu à luz um conteúdo biológico para o universo que os neodarwinistas da evolução estudam mais detalhadamente, mas sempre tendo como pano de fundo o universo evolutivo em uma escala cosmológica.

Ao falar do legado de Teilhard de Chardin para nossos dias, o estudioso Jacques Arnold declara que retém de Chardin "primariamente o ímpeto de confiança que ele tem para com o mundo das ciências e das técnicas, juntamente com a exigência que ele mostra com o mundo da filosofia e da teologia". E completa: "Confiança e lucidez, curiosidade e espírito crítico: eis, em algumas palavras" (ARNOLD, 2009).

O teólogo norte-americano John Haught, em um artigo intitulado "Evolução e o futuro infinitamente expansivo", afirma: "Ainda hoje não há melhor lugar para a teologia cristã para iniciar uma conversa com Darwin sobre Deus do que olhando para a síntese da evolução e da fé feita por Teilhard. Para Teilhard, a religião é a forma pela qual o universo, agora que atingiu o nível de autoconsciência, continua a sua eterna busca por seu derradeiro Centro e Meta. Portanto, a religião, em vez de ser uma oposição à evolução, é essencial para o seu futuro. Teologicamente falando, nos termos de Teilhard, o que está realmente acontecendo no cosmo é que Deus está se tornando cada vez mais encarnado [...] e o mundo está explodindo 'para cima de Deus'. Para Teilhard, a evolução esta ocorrendo, fundamentalmente, não apenas por acaso e por determinismo cego [...], mas porque Deus se aproxima do mundo e o convida a novos níveis de existência, respeitando sua espontaneidade ao mesmo tempo" (HAUGHT, 2009, p. 11). A evolução não é totalmente cega, mas ela tem uma flecha, uma direção, que Teilhard chama de ortogênese. Ele vê a progressão do universo tendendo para a plenitude no Cristo.

Como cientista, Teilhard aceita a evolução darwinista, mas purgada de qualquer interpretação materialista. Deus age no universo trazendo unidade à multiplicidade representada pelo termo "matéria". Essa convergência para Deus é o que está acontecendo nas profundezas da evolução. Teilhard de Chardin foi um dos primeiros cientistas no século passado a reconhecer que todo o cosmo, e não apenas as fases da vida e da existência humana, é uma história importante. Sobre a evolução da Terra já houve a esfera da matéria (*a geosfera*) e da vida (*a biosfera*). Agora se está criando a esfera da mente/espírito (*a noosfera*). Segundo Paul Schweitzer, "para Teilhard, a natureza e as suas leis retratam a presença e ação de Deus. Ele não somente tem uma confiança forte na compatibilidade entre a ciência correta e a fé cristã, mas vê que uma contribui para a outra. A ordem extraordinária do mundo natural reflete a sabedoria e a bondade de Deus" (SCHWEITZER, 2009, p. 23).

A base essencial do chamado otimismo teilhardiano decorre da sua profunda convicção de que o universo foi criado por Deus para que nele pudesse emergir a consciência e para que, através desta, todo o universo pudesse ser redimido. Teilhard via na evolução o dedo de Deus criador, aperfeiçoando a sua obra, enquanto alguns católicos consideravam a teoria da evolução como incompatível com a fé. Não podemos esquecer que a integração da evolução no pensamento teológico de Teilhard contribuiu muito para a aceitação da evolução pela Igreja.

Em Teilhard — afirma Leonardo Boff na sua obra *Evangelho do Cristo Cósmico: a busca da unidade do todo na ciência e na religião* —, "o ser humano é, pois, levado, dentro do pensar sistemático e apologético, da ciência à filosofia, e da filosofia à teologia, e da teologia à mística, para que ele possa ver, compreensivelmente, toda a realidade que vai desde a cosmogênese até a cristogênese e a teosfera. E Teilhard não teme confessar que 'jamais teria formulado racionalmente a hipótese do Ômega se, em sua consciência de crente, não a houvesse encontrado em si não somente o modelo especulativo mas a realidade viva'" (BOFF, 2008, p. 48).

John F. Haught

John F. Haught é um teólogo norte-americano, professor de teologia na Universidade de Georgetown (Washington, D.C.) e autor de inúmeras obras na área teológica. Em português, temos as obras *Deus após Darwin. Uma teologia evolucionista*, *Cristianismo e ciência* (Paulinas) e *O que é*

Deus? Como pensar o divino (Paulinas). É o criador do conceito de teologia evolucionista.

Para Haught, o universo ainda está se formando. A evolução ajuda a aumentar nossa percepção tanto do universo quanto de Deus. Ela implica que o universo ainda está inconcluso. Isso significa que o universo ainda tem um futuro e que, em princípio, ao mundo no presente há espaço para nova criação e esperança para o futuro. Dessa maneira, a ciência evolutiva nos permite abandonar o amargo pessimismo cósmico que ainda existe entre muitos cientistas e filósofos. Além da criação original, há uma criação contínua, diz o cientista. A criação contínua significa que Deus dá uma existência que se prolonga no presente e no futuro, e também implica que novas formas de ser podem continuar aparecendo no transcurso da história natural. Assim, a ideia de que a natureza pode dar à luz novas espécies de ser durante a passagem do tempo não deveria ser perturbadora para os cristãos.

O fundamento intelectual do novo ateísmo é a cosmovisão filosófica moderna conhecida como "naturalismo científico". Segundo o naturalismo científico, não há criador divino, nem finalidade cósmica, nem alma, nem possibilidade de vida além da morte. O naturalismo científico é produto de uma crença ainda mais fundamental, geralmente chamada de "cientificismo". O cientificismo assevera que o método científico moderno é atualmente a única forma pela qual pessoas razoáveis que buscam a verdade podem adquirir um conhecimento acurado do mundo real. A respeito do cientificismo que norteia o pensamento de muitos cientistas contemporâneos, Haught diz: "Estou convicto de que o cientificismo está em contradição consigo mesmo. O cientificismo diz que não aceita nada com base na fé, mas é preciso ter fé para adotar o cientificismo".

A maioria dos ateístas modernos não percebe que outras vias além do método científico são essenciais para experimentar, entender e conhecer o mundo real. O conhecimento interpessoal, por exemplo, é necessário a fim de se deparar com a prova ou os indícios de que alguém ama você. Você não pode chegar ao conhecimento de outra pessoa através da via objetificante do experimento científico. Encontrar-se com outra pessoa exige que você coloque de lado os métodos de controle e domínio da ciência. O mesmo se aplica às experiências estéticas. Também se aplica à experiência religiosa.

Assim, se um Deus pessoal de beleza infinita e amor irrestrito efetivamente existe, as "provas" da existência desse Deus não poderiam ser reunidas de maneira tão barata quanto as provas para dar sustentação a uma hipótese científica. Por essa razão, é tolice interpretar Deus como uma "hipótese" a ser estudada pela ciência, como exige Dawkins.

Embora o método científico não possa dizer nada sobre Deus, as descobertas científicas o podem. À medida que as descobertas científicas ampliam e aprofundam nossa compreensão da natureza, elas oferecem à teologia a oportunidade de ampliar e aprofundar sua percepção do mistério divino. O confronto com a ciência, incluindo a evolução, é salutar para a fé e teologia", diz Haught.

Em 1996, o papa João Paulo II observou que as provas em favor da evolução são fortes, e muitos líderes cristãos concordam. A visão revolucionária de Darwin acabará tendo que ser levada em conta em qualquer compreensão teológica realista de Deus, do mundo natural, da vida, da identidade humana, da moralidade, do pecado, da morte, da redenção e do sentido de nossa vida. "Tenho sustentado que o Deus da evolução é o mesmo Deus que chama Abraão para um futuro novo e revigorante. O ensinamento bíblico fundamental é que Deus é um Deus da promessa" (HAUGHT, 2009, p. 17).

A relação entre ciência e Cristianismo tem sido de amor e ódio ao longo da história. Ela é também parte da história mais abrangente da interação entre razão e fé, ou entre filosofia e teologia. Enfim, John Haught nos passos de Teilhard de Chardin, convida-nos a revisitar a teologia cristã tendo em mente a descoberta científica segundo a qual o universo é uma narrativa em processo. Como entenderemos nós mesmos, Deus, a criação, a fé, a esperança e a caridade à luz dos três infinitos do universo, ou seja, o infinitamente grande, o infinitamente pequeno e o infinitamente complexo? Somente nas asas da esperança é que poderemos começar construir a inteligibilidade, a compreensão e o conhecimento do universo.

Viktor E. Frankl

Viktor Frankl foi doutor em medicina e filosofia. Nasceu e faleceu em Viena, na Áustria (1905-1997). Sobreviveu ao holocausto, tendo visto morrer os seus pais, irmãos e esposa. Foi professor catedrático de neurologia e psiquiatria na Universidade de Viena e professor visitante nas Universidades de Harvard, Pittsburgh, San Diego e Dallas. Recebeu o título Doutor *Honoris Causa* em 29 universidades de todo o mundo.

Frankl é um sobrevivente de campo de concentração nazista. É autor de um dos maiores *best-sellers* mundiais: *Em busca de sentido: um psicólogo no campo de concentração*, em que relata sua experiência dramática de sobreviver diante de situações-limite de um campo de extermínio nazista durante a Segunda Guerra Mundial (FRANKL, 2008). Ao fazê-lo, toca na essência do que é ser humano: usar a capacidade de transcender uma situação extremamente desumanizadora, manter a liberdade interior e, dessa maneira, não renunciar ao sentido da vida, apesar dos pesares. No campo de concentração, todas as circunstâncias conspiram para que o prisioneiro perca seus objetivos de vida. A única coisa que sobrou é "a última liberdade humana" — ou seja, a capacidade de "escolher a atitude pessoal que se assume diante de determinado conjunto de circunstâncias".

É nesse contexto que ele elabora o fundamental de sua escola de psicoterapia existencial, denominada "logoterapia", a chamada "terceira escola de Viena" (as duas primeiras são a da psicanálise de Freud e a da psicologia individual de Adler). Frankl propõe uma terapia que parte do elemento espiritual existencial. Nesta perspectiva, cristaliza uma teoria psicológica centrada em quatro conceitos fundamentalmente filosóficos: *pessoa, liberdade, responsabilidade e significado*. Esses conceitos foram negados, negligenciados ou reduzidos nas visões de Freud e de Jung.

A concepção frankliana de ser humano abarca quatro elementos fundamentais, a saber: o ser humano (1) é um ser espiritual-pessoal; (2) é capaz de se autodeterminar; (3) orienta-se, primariamente, para o significado e os valores; e (4) tem como uma dimensão essencial a autotranscendência.

O cientificismo acaba criando uma caricatura que Frankl definiu como "homunculismo". Temos três grandes tipos de homunculismo: o biologismo, o psicologismo e o sociologismo. Como um espelho defeituoso, acabam criando uma imagem deformada do ser humano. O que realmente importa, escreve Frankl, não são as características do nosso caráter, os estímulos e os instintos em si mesmos, e sim a atitude que tomamos em relação a eles. É a capacidade de tomar determinada atitude que nos torna seres humanos. No ser humano, nada é meramente biológico, assim como nada é meramente espiritual. Cada célula de seu corpo participa da espiritualidade e todo ato da criatividade espiritual é alimentado por sua dinâmica vital.

A logoterapia frankliana, enquanto sistema conceitual aberto à totalidade do ser do ser humano, refere-se à totalidade físico-psíquico-espiritual do ser humano. Ela se abre especialmente para aquela dimensão humana que caracteriza o próprio sistema conceitual, isto é, para a dimensão espiritual. Depois de afirmar a existência do inconsciente espiritual como núcleo ou centro da verdadeira pessoa profunda, a logoterapia localiza nele a sede dos atos especificamente humanos. No centro espiritual da pessoa, ao redor da qual se agrupa a realidade psicofísica, originam-se os atos espirituais.

O inconsciente espiritual é a sede, o agente, no plano humano, das realizações éticas, amorosas, estéticas e religiosas, segundo a instância de onde emerge o eu espiritual. À luz da logoterapia, a autêntica necessidade que o ser humano sente de se "religar" a Deus não surge da facticidade, mas da existencialidade. O autêntico sentimento religioso surge da dimensão espiritual e pessoal. Para Frankl, a transcendência coincide com o aspecto do inconsciente espiritual que "religa" o homem com Deus.

Para Frankl, Deus não é uma categoria humana, e nesse sentido ele é inabarcável pelas provas lógicas ou históricas sobre sua existência. A logoterapia não pretende definir o que é Deus, e sim falar de Deus, ou talvez, mais simplesmente ainda, *falar a Deus, poder orar*. Deus, realmente, transcende toda capacidade de compreensão do homem e subtrai-se a toda demonstração. Na visão logoterápica, Deus é concebido como um "totalmente outro" vivido existencialmente como significado "absoluto e incondicional", ou, como o próprio Frankl prefere denominá-lo, "suprassentido"! Diz Frankl que "a fé em um significado último é precedida pela confiança em um ser último, pela confiança em Deus". A busca de significado é, em última instância, busca de Deus, o *ultimate meaning*, o "significado último" da existência. Se a fé em Deus, para a logoterapia, é fé no significado último, "religioso" será quem indagar pelo sentido da vida.

Frankl está convencido de que nossos "monólogos", quando falamos em profundidade, são, em definitivo, verdadeiros diálogos com um parceiro transcendente que se esconde por detrás do eu imanente: um tu divino presente na imanência do eu humano. Esse parceiro é, ao mesmo tempo, o mais íntimo e o mais transcendente dos interlocutores. Por detrás do significado não se aninha a afirmação ou testemunho da transcendência. A expressão "Deus no inconsciente" quer indicar o caráter transcendente da natureza humana. A existência humana não é autêntica se não for vivida em termos de autotranscendência.

A antropologia frankliana recupera alguns conceitos que a atual "alergia metafísica" havia eliminado. Trata-se dos conceitos básicos da logoterapia, que são: *espírito, significado e transcendência*. O reconhecimento do espírito, do significado último e da transcendência por parte de Frankl não tem um caráter teístico, mas sim antropológico, empírico e fenomenológico. São precisamente os mesmos fenômenos especificamente humanos, como a liberdade, a responsabilidade, a moral, a consciência, o amor, a religiosidade, a criatividade e a comunicabilidade, que revelam seu caráter espiritual, significante e transcendente (PETER, 1999).

A teoria de Frankl, aberta à análise existencial, conduziu a uma nova via para a compreensão e para a reintegração do homem, isto é a "uma psicoterapia que parte do espiritual". Frankl explica por que utilizou o termo "logoterapia" para definir sua doutrina. Segundo ele, "logos" é uma palavra grega equivalente a "sentido", "significado", "propósito". A logoterapia centra-se no significado da existência humana e na procura do sentido da vida. A força dominante do homem é a procura de um sentido para a sua própria vida, para a sua existência.

Essa busca de sentido contrasta com a busca do prazer (Freud) e do poder (Adler). Enquanto a perspectiva freudiana parte "de baixo", dos instintos, a logoterapia o faz "de cima", do espírito, mostrando novos caminhos para uma melhor compreensão da vida. Frankl dá razão a Nietzsche quando este último diz: "Quem tem um porquê para viver encontrará quase sempre o como".

A logoterapia considera que "a essência íntima da existência humana está na sua capacidade de ser responsável".

Ela tem por missão despertar na pessoa sem projeto de vida o sentimento e a responsabilidade de viver, por mais adversas que sejam as circunstâncias.

O exemplo de Viktor Frankl enquanto prisioneiro em Auschwitz é elucidativo: "Parecia-me que não tardaria a morrer. Nesse preciso momento o meu interesse era distinto dos meus camaradas. A pergunta deles era: 'Sobreviveremos a este campo? Se não sobrevivermos, este sofrimento não terá sentido'. A minha pergunta era diferente: 'Têm todo este sofrimento, todas estas mortes ao meu redor, algum sentido? Porque, se não tem, definitivamente a sobrevivência não terá sentido, pois a vida cujo significado depende de uma casualidade — sobreviver ou não — em última instância não merece ser vivida (FRANKL, 2008, p. 113). Continuando, Frankl diz: "Hoje sabemos o que é realmente o homem. Depois de tudo, o homem é esse ser que inventou as câmaras de gás de Auschwitz, mas também é o ser que entrou nessas câmaras com a cabeça erguida e o Pai-nosso ou o Shemá Israel nos lábios" (FRANKL, 2008, p. 128).

"Em tempos de globalização econômica excludente ousa-se falar no desafio de globalizar a solidariedade. As religiões têm tido um papel importante em denunciar a primeira e ousar apontar o horizonte utópico em direção à segunda, ou seja, da globalização da solidariedade. Superando polarizações históricas em termos de valores institucionais, unem-se no diálogo inter-religioso (diálogo entre as diferentes religiões) e na busca ecumênica (no interior das diversas tradições cristãs)."

HANS KÜNG

Pontos convergentes entre as maiores religiões

> "Todas as religiões são mensagens de salvação que
> procuram responder às questões básicas do ser humano."
> Hans Küng

Busca nas raízes das religiões

Todas as religiões são mensagens de salvação que procuram responder às questões básicas do ser humano. São perguntas sobre os eternos problemas humanos do amor e sofrimento, da culpa e perdão, da vida e morte, da origem do mundo e suas leis. Por que nascemos e por que morremos? O que governa o destino da pessoa e da humanidade? Como se fundamentam a consciência moral e a existência de normas éticas?

Todas oferecem caminhos semelhantes de salvação: caminhos nas situações de penúria, sofrimento; indicação de caminhos para um comportar-se de forma correta e responsável nesta vida, a fim de alcançar uma felicidade duradoura, constante e eterna, a libertação de todo sofrimento, culpa e morte. Mesmo quem rejeita as religiões deve levá-las a sério, como realidade social e existencial básica. Elas têm a ver com o sentido e o não sentido da vida, com a liberdade e a escravidão das pessoas, com a justiça e a opressão dos povos, com a guerra e a paz na história e no presente, com a doença, o sofrimento e a saúde das pessoas.

Em todas as grandes religiões existe uma espécie de "regra de ouro". Esta já foi atestada por Confúcio: "O que não desejas para ti também não o faças aos outros" (551-489 a.C.); também no Judaísmo, em formulação negativa: "Não faças aos outros o que não queres que façam a ti" (Rabi Hillel, 60 a.C.-10 d.C.); com Jesus de Nazaré, em forma positiva: "O que quereis que os outros vos façam, fazei-o vós a eles" (Mt 7,12; Lc 6,31); no Budismo: "Um estado que não é agradável ou prazeroso para mim não o será para o outro; e como posso impor ao outro um estado que não é agradável ou prazeroso para mim?" (Samyutta Nikaya V, 353.3-342.2); e no Islamismo: "Nenhum de vocês é um crente a não ser que deseje para seu irmão o que deseja para si mesmo".

Diferentemente das filosofias, as religiões não apresentam apenas modelos de vida abstratos, mas "pessoas modelares". Por isso, as figuras-líderes das religiões são da maior importância: Buda, Jesus de Nazaré, Confúcio, Lao-Tse ou Maomé. Existe uma grande diferença entre ensinar abstratamente às pessoas uma nova forma de vida e apresentar um modelo concreto de vida comprometida como seguimento de Buda, Jesus ou Confúcio, por exemplo. Aqui entramos no âmago da espiritualidade, a qual precisamos distinguir da religião. A religião codifica uma experiência de Deus e dá forma de poder religioso, doutrinário, moral e ritual ao longo de sua expressão histórica. A espiritualidade se orienta pela experiência profunda e sempre inovadora e surpreendente do encontro vivo com Deus. Hoje, percebe-se, no horizonte da humanidade, um cansaço da religião entendida enquanto doutrina, instituição, norma e dogma. Por outro lado, existe uma grande busca de espiritualidade, que vai de encontro aos anseios mais profundos do coração humano em termos de transcendência, dando o sentido último da existência humana.

A religião, no seu sentido originário, é o elo que liga e religa todas as coisas, o consciente com o inconsciente, a mente com o corpo e a pessoa com o cosmo. O masculino e o feminino, o humano (imanente) com o divino (transcendente). A missão da religião não se esgota no espaço do sagrado. Seu lugar está no coração da vida. Quando ela é bem-sucedida, emerge a experiência de Deus, como sendo o sentido último e o fio condutor que perpassa e unifica tudo. Os símbolos e ritos que definem o espaço sagrado são criações para celebrar o Deus da Vida. Viver esta religação é obra da fé. Sem dúvida, é um grande desafio para as religiões históricas, de modo especial para o Cristianismo, resgatar essa fé originária, que recria a religação de tudo.

Religiões: pontos convergentes

As grandes religiões, não obstante suas diferenças doutrinais, apresentam convergências fundamentais, como enfatiza Küng (1990). Entre as mais significativas assinalam-se:

a) *O cuidado com a vida*: todas as religiões defendem a vida, especialmente aquela mais vulnerável e sofrida. Prometem a expansão do reino da vida, quando não a ressurreição e a eternidade, no tocante não apenas à vida humana, mas também a todas as manifestações cósmico-ecológicas.

b) *O comportamento ético fundamental*: todas apresentam um imperativo categórico: não matar, não mentir, não roubar, não violentar, amar pai e mãe e ter carinho para com as crianças. Esses imperativos favorecem uma cultura de veneração, de diálogo, de sinergia, de não violência ativa e de paz.

c) *A justa medida*: as religiões procuram orientar as pessoas pelo caminho da sensatez, que significa o equilíbrio entre o legalismo e a libertinagem. Elas não propõem nem o desprezo do mundo, nem sua adoração, nem o hedonismo, nem o ascetismo, nem o imanentismo, nem o transcendentalismo, mas sim o justo equilíbrio em todos esses domínios. Este é o caminho do meio, das virtudes. Mais do que atos, o importante são atitudes interiores coerentes com a totalidade da pessoa e que impregnam de excelência todos os seus relacionamentos.

d) *A centralidade do amor*: todas pregam a incondicionalidade do amor. Confúcio (551-489 a.C.) pregava: "O que não desejas para ti, não o faças a outro". Jesus: "Amem-se uns aos outros como eu vos tenho amado". Na perspectiva ecológica de Jonas (2006) "Age de tal maneira que os efeitos da tua ação sejam compatíveis com a permanência de uma vida autenticamente humana".

e) *As figuras éticas exemplares*: as religiões não apresentam somente máximas e atitudes éticas, mas principalmente figuras históricas concretas, paradigmas vivos, como tantos mestres, santos e santas, justos e justas, heróis e heroínas que viveram dimensões radicais de humanidade. Daí surge a força mobilizadora de figuras eticamente exemplares como Jesus, Buda, Confúcio, Francisco de Assis, Ghandi, Luther King, Madre Teresa de Calcutá, entre tantos outros.

f) *A definição de um sentido último*: trata-se do sentido do todo e do ser humano. A morte não é a última palavra, mas a vida, sua conservação, sua ressurreição e sua perpetuidade. Todas apresentam um fim bom para a criação e um futuro bem-aventurado para os justos (BOFF, 2000).

Na perspectiva de crescimento e aprofundamento do diálogo inter-religioso, registramos um breve diálogo relatado por Leonardo Boff em um encontro com o Dalai-Lama. "No intervalo de uma mesa-redonda sobre religião e paz entre os povos, na qual ambos participávamos, eu, maliciosamente, mas também com interesse teológico, lhe perguntei em meu inglês capenga: 'Santidade, qual é a melhor religião?' (*Your holiness, what's the best religion?*) Esperava que ele dissesse: 'É o Budismo tibetano' ou 'São as religiões orientais, muito mais antigas do que o Cristianismo'. O Dalai-Lama fez uma pequena pausa, deu um sorriso, me olhou bem nos olhos — o que me desconcertou um pouco, porque eu sabia da malícia contida na pergunta — e afirmou: 'A melhor religião é a que mais aproxima você de Deus, do Infinito. É aquela que torna você melhor". Para sair da perplexidade diante de tão sábia resposta, voltei à perguntar: 'O que me faz melhor?'. Respondeu ele: 'Aquilo que faz você mais compassivo (e aí senti a ressonância tibetana, budista, taoísta de sua resposta), aquilo que torna você mais sensível, mais desapegado, mais amoroso, mais humanitário, mais responsável [...]. Mais ético [...]. A religião que conseguir fazer isso de você é a melhor religião'. Calei, maravilhado, e até os dias de hoje estou ruminando sua resposta sábia e irrefutável".

A relação teológica entre saúde e salvação

Uma rápida análise filológica e semântica sobre alguns conceitos-chave da história das religiões relacionados à saúde/salvação, sacro/salvífico e terapia pode nos ajudar na compreensão da questão. "Saúde" e "salvação" são termos co-originais, nascidos de um mesmo conceito, e partilharam durante muito tempo a mesma sorte e um mesmo significado global, o qual somente muito mais tarde foi separado. Trata-se do vocábulo sânscrito *svastha* ("bem-estar", "plenitude"), que assumiu a forma do nórdico *Heill* e mais recentemente de *Heil, whole, hall* nas línguas anglo-saxônicas, que indicam "integridade" e "plenitude".

O mesmo se passa com a expressão *soteria* na língua grega, em que Asclépio é *sotér*, isto é, "aquele que cura", o "salvador". Na língua latina é emblemático o significado de *salus*, expressão que incorpora em termos recentes o significado de "saúde" e "salvação".

Em outras línguas ocorre a mesma combinação. Por exemplo, o termo hebraico *shalom* ("paz", "bem-estar", "prosperidade") e a forma egípcia *snb*, que indica "bem-estar físico", "vida", "saúde", "integridade física e espiritual". Esses vários termos exprimem a salvação como "integridade da existência", como "totalidade das situações positivas" não tocadas pelo mal, doença, sofrimento e desordem. Nesse sentido, na Antiguidade era impossível distinguir entre "salvação" e "felicidade", uma vez que uma confluía na outra.

O mesmo processo ocorreu na história em relação ao conceito de "sacro" e "salvífico". O termo "sacro" ocorre em duas áreas semânticas. A primeira é a base do termo *sacer, sanctus, hágios, kadosh*, e está ligado com o culto, com aquilo que é "consagrado", isto é, aquele que é "colocado à parte", que é "separado" para a divindade. A segunda área semântica gravita em torno do termo sânscrito *yaj* e o avéstico *yaz*, com o significado inicial de "presente", que depois estendeu-se até o significado de "dotado de poder", "particularmente útil", "de boa sorte".

Tudo isso indica que as religiões procuram "salvar" o ser humano na sua totalidade física, psicológica e espiritual. Também o sacro é na realidade o "salvífico" por excelência, como interpreta Heidegger (2006). A salvação não é dissociável de saúde, e não é isolada dos contextos concretos da existência. Começa no "aqui e agora" de nossa existência, com o "estar bem", gozando de um sentimento de "plenitude" e de "integridade". Nesse sentido a Organização Mundial da Saúde (1946) percebeu a correlação que existe entre saúde e integridade de vida, quando definiu saúde como o "estado de completo bem-estar físico, psíquico, social e não apenas a ausência de doença e de enfermidade".

Hodiernamente, em contextos de cuidados de saúde sempre mais refinadamente tecnologizados, mas sem alma humana, urge que distingamos entre "saúde biológica" e "saúde biográfica". A primeira fixa sua atenção sobre o corpo e seus órgãos, enquanto a segunda, sem prescindir de suas raízes biológicas, prioriza sua dimensão pessoal, isto é, a saúde enquanto experiência própria, necessariamente vinculada à liberdade pessoal, ao comportamento e a um projeto de vida, à busca de sentido e significados (valores), ao mundo das relações em que se vive. Temos que distinguir, porém não separar, biologia e biografia. Falamos de saúde como uma meta que temos de alcançar, uma experiência a ser humanizada e evangelizada, enquanto dom e missão (ÁLVAREZ, 1999, p. 67).

O que torna interessante e humana a saúde é sua inevitável dimensão pessoal. Isso significa a possibilidade de ela converter-se em uma experiência fundante de nosso estar no mundo. Bem-estar integral, harmonia, equilíbrio, modo de viver autônomo, solidário e prazeroso, maneira de ser.

A partir dessa perspectiva histórico-linguística, não seria de bom tom "naturalizar" demais o conceito de "saúde" a ponto de entendê-lo negativamente como "não ter doenças". Outro perigo a ser evitado é cair em um reducionismo no nível histórico-religioso, "mistificando" o conceito de "salvação", perdendo-o em um céu distante, longe, em um futuro sem relação com a vida e a história presente da humanidade. Se olharmos para a história das religiões, o termo "terapia" nos ilumina nessa direção de pensamento. Na visão clássica, o conceito *therapeía* indica antes de tudo "assistir", estar próximo", "cuidar". É uma expressão que está muito próxima do conceito religioso e cristão de *diakonía* ("serviço").

Ampliamos, assim, a visão, percebendo que *saúde* evoca *salvação*, isto é, tem a ver com o viver pleno das pessoas no hoje urgente de nossa história (imanência), apontando para o além (transcendência), exigindo o *cuidado terapêutico*, competente e terno, que é a dimensão de serviço e do cuidado em relação ao outro. O conceito de "saúde", para além do físico-biológico, remete a um sentido de "integridade", de "totalidade", e, por extensão, de "plenitude" e de "realização plena" do ser humano. Na tradição judaico-cristã, o tema da vida é central. Deus está vivo, gerando e plenificando continuamente vida.

O "Evangelho da saúde": oferta de nova saúde para todos

Talvez seja o mundo da saúde e da enfermidade o que mais e melhor evidenciou alguns limites da reflexão teológica. Por exemplo, o fato de a teologia ter privilegiado, talvez desproporcionalmente, algumas questões humanas como o sofrimento, a enfermidade e a morte, que questionam a fé, e de ter descuidado de questões como a saúde, por parecerem teologicamente inócuas ou pelo menos não tão preocupantes. Com isso, além de separar o que Jesus uniu em um só mandato (evangelizar e curar), não viu na saúde um "lugar teológico", tão importante quanto a enfermidade.

Visitar tal lugar é hoje imprescindível para uma compreensão adequada da "salvação", que é o centro de nossa fé. A saúde, em qualquer de suas dimensões, nunca é e nem será o bem último, mas o penúltimo. Sem dúvida, é uma das expressões ou traduções privilegiadas da salvação.

O "Evangelho da saúde" nos remete a um modelo de saúde que é cristológico. Para descrevê-lo, necessitamos de uma reflexão bíblico-teológica. A recuperação do Evangelho da saúde apresenta-se como um verdadeiro *kairós*, ao reafirmar a dimensão histórica, existencial da salvação. Esta se torna credível à medida que toma corpo no corpo, conectado com os centros vitais da pessoa, e responde aos anseios profundos do ser humano, em sua busca pela felicidade e plenitude humana. Os seres humanos são os únicos capazes de viver a enfermidade como experiência saudável e de viver e sentir a presença da graça em meio a tantas desgraças. É esta visão antropológica da saúde, que leva em conta a dimensão biográfica, que se faz necessária aqui.

A dimensão "saúde" deve coincidir necessariamente com o reconhecimento da centralidade da salvação. Esta, e não aquela, é o bem último, definitivo e essencial que Deus não nega a ninguém, o marco no qual hão de se colocar as demais realidades humanas, a perspectiva a partir da qual se pode contemplar e interpretar a histórica de Deus com os homens e a nossa com Deus. A salvação "vem de cima". Seu caráter transcendente é indiscutível. Revela os sinais da identidade que são próprios de Deus: É gratuita, vai para além das expectativas humanas, incomensurável e surpreendente. Não poderia (ou não deveria) ser inventada pelos homens como projeção de suas necessidades e aspirações insatisfeitas. Trata-se, pois, de uma salvação à medida de Deus, sim, mas também à medida do homem, uma vez que aquele se "abaixa" e assume a forma humana em Cristo, entra na história e se torna história, encontra o ser humano ali onde este último vive, toma corpo no seu corpo, penetra as biografias individuais e a história do povo. Uma salvação na medida do ser humano, neste mundo e para este mundo. A salvação tem neste mundo muitos nomes: desde o copo d'água dado a quem tem sede, a cura de uma determinada enfermidade, até o reencontro do sentido da vida.

Um dos nomes privilegiados da salvação é "saúde", ou, melhor dizendo, "a nova saúde". Esta nova saúde é oferecida por Jesus a todos, sãos e enfermos. É nova precisamente porque se trata não somente de algo medicinal ou curativo, mas também de uma nova qualidade de vida, de potenciar o ser humano, de transformar profundamente.

Todas as patologias de cunho espiritual remetem, de uma maneira ou de outra, a algum tipo de "cardiopatia", entendida no sentido bíblico. O coração, na Bíblia, é o verdadeiro centro ou núcleo vital a partir de onde cada pessoa decide o que é substantivo na sua existência, opta pela vida ou por seus sucedâneos, pela compaixão e compreensão ou pela indiferença e competitividade, pela solidariedade ou pela solidão.

A saúde como religião e a religião na saúde

Ao longo da história, sempre existiu uma ligação entre religião e saúde. Isso também continua hoje, com o fenômeno da secularização, pelo menos no mundo ocidental. Vejamos o caráter religioso da saúde e algumas de suas expressões.

Queiramos ou não, mesmo nas visões mais reducionistas e materialistas de saúde e doença, estas sempre remetem para além de si mesmas, sugerem uma linguagem de totalidade, apontam por vezes para momentos negros na vida; outras vezes, para o esplendor da existência humana. Por detrás do caminho triunfal da medicina convencional, talvez se insinue o sonho de um paraíso perdido ou que tardará para chegar, mas que não faltará com esse compromisso. No mais profundo dos fracassos, da adversidade ou da morte prematura, ou injusta, não é difícil escutar um grito de desespero, ou com frequência uma oração de súplica.

A vivência da saúde como uma "religião" revela o fato de que nossa sociedade é marcada por fragilidades e vulnerabilidades. Podemos afirmar que vivemos em uma "sociedade doente", uma ecologia humana patológica, em que o contágio é dificilmente evitável. Trata-se de fragilidades que interferem no vasto campo psicoespiritual e que afetam o mais íntimo da pessoa: a espiritualidade, o sentido da vida, os valores, as relações interpessoais, a administração da vivência do tempo e a vida afetiva emocional, entre outros elementos.

Se o diagnóstico que temos é de uma "sociedade doente", também podemos dizer que vivemos em uma "sociedade terapêutica". O referencial é sempre a saúde. Tudo deve ser saudável e/ou curativo, terapêutico. A saúde é elevada "à categoria de máximo bem" (salutismo), paradigma da felicidade, sinal de identidade e símbolo do homem de sucesso. Tudo o que vai contra essa lógica é exorcizado e afastado (por exemplo, pessoas com necessidades especiais, vidas marcadas por doenças crônicas degenerativas e a própria morte).

A elevação da saúde como uma espécie de nova religião acaba plagiando de alguma maneira ritos, normas e credos das religiões oficiais. Dessa forma, a saúde tem seus sacerdotes: os que possuem as chaves do tabernáculo da saúde e dos segredos em grande parte vedados aos demais. Também tem suas heresias: os que se desviam dos cânones ideais da saúde e da obediência às prescrições sugeridas. Tem também seus mandamentos (três vezes por dia de oito em oito horas) e pecados (desobediência ao que foi prescrito). Também se multiplicam os movimentos ascéticos: as antigas sessões de flagelamento do corpo por motivos religiosos de purificação dos pecados para a salvação da alma se transformaram hoje em dietas torturadoras ou em cirurgias plásticas, não para a purificação dos pecados ou purificação da alma, mas para obter a forma corporal escultural desejada das divas que esbanjam saúde e beleza apolínea no paraíso terrestre. Qualquer sacrifício que seja agradável à deusa Higeia é louvável. Também não faltam as campanhas missionárias, que convocam todos os membros da sociedade a afastar o perigo de uma epidemia (por exemplo, a recente "cruzada" contra a H1N1).

Além disso, a eficácia que se atribuía aos sacramentos agora se espera de certas práticas que infalivelmente deveriam ser saudáveis e prevenir a enfermidade, como a dieta obrigatória, o exercício físico regular, o necessário *relax* em um *spa* de luxo, terapêuticas alternativas exóticas etc.

Esse fenômeno da "saúde como religião" coincide com outro não menos importante da "saúde na religião", ou seja, a busca da saúde na e através da religião. A reflexão teológica está sempre mais atenta à relação estreita entre saúde e salvação, portanto entre a fé e suas práticas e a saúde em suas diferentes dimensões. Nesse contexto, também temos os movimentos e correntes espirituais no âmbito católico e protestante que praticam habitualmente as liturgias de cura. Em terceiro lugar, também merecem atenção todos os estudos e pesquisas em curso que buscam sempre mais rigor na perspectiva da relação eficaz entre a oração, nas suas diferentes expressões, e a saúde. Outro fenômeno é o das chamadas "religiões terapêuticas", ou mais popularmente conhecidas como celebrações de cura, bastante comuns em segmentos fundamentalistas do Cristianismo, seja de versão católica ou não. Esses fenômenos coincidem com três fatores cuja importância não podemos desconhecer.

O primeiro deles é a insuficiência da ciência ante as aspirações humanas mais profundas, em nosso caso, a incapacidade de a medicina e o sistema médico convencional responderem ao desejo profundo de uma saúde plena e de uma cura de patologias como o "viver mal", o vazio existencial, as feridas íntimas da memória e do coração. Em segundo lugar, a elevação da saúde como um valor supremo coincide, também no mundo católico, com certo relativismo dogmático e moral.

Quanto mais se desvaloriza a "doutrina", mais se acentua a busca da felicidade e do bem-estar: a *soteriologia* pode derivar até uma espécie de *salutologia*, e a liturgia se converte em psicoterapia, como se as religiões tivessem de ser avaliadas unicamente por sua capacidade curativa, terapêutica de proporcionar saúde. Saúde contra a fé? Saúde à margem da verdade? Se assim fosse, a salvação perderia sua originalidade. Em vez de redenção, seria autorredenção; e a libertação, autolibertação.

Já assinalamos o pouco relevo que na reflexão teológica e na evangelização se deu à dimensão da saúde, à relação entre esta última e a salvação, o valor saudável e terapêutico da liturgia, da oração, da pertença afetiva e efetiva à uma determinada comunidade. A maior provocação hoje vem das chamadas "religiões de cura". Trata-se de um conjunto complexo e muito variado, distante em não poucos casos das coordenadas fundamentais da fé cristã, e que giram em torno da convicção do valor curador da fé e da espiritualidade. Temos hoje muitos programas na mídia, TV que exploram justamente essa perspectiva da fé, com objetivos econômico-financeiros, constituindo-se em verdadeiros impérios, mantidos pelo "mercado da fé". A oferta dessas religiões constitui, de um lado, uma espécie de diagnóstico das atuais patologias sociais e espirituais de nosso tempo; de outro, procura preencher vazios existenciais, religiosos e espirituais em grande parte descuidados nas grandes cidades pelas religiões oficiais. Suas motivações denunciam uma sede de identidade, de segurança, não somente material, mas também de sentido de pertença a um determinado grupo humano, uma oferta de comunhão de valores e de aspirações e também, por que não, de promessas de cura e de uma nova felicidade (ÁLVAREZ, 2009).

É possível uma síntese entre religião e conhecimento científico, entre fé e razão?

Segundo o cientista jesuíta do grupo de pesquisa do Observatório do Vaticano, doutor em astrofísica, Willian Stoeger, "de um ponto estritamente científico, não há evidências cosmológicas da existência de Deus — isso simplesmente porque as ciências naturais não têm condições de argumentar a favor ou contra a existência de Deus ou mesmo de dizer o que 'Deus' é ou não é. Os métodos da cosmologia ou das outras ciências não são competentes para lidar com essa questão. Entretanto, de um ponto de vista filosófico, o próprio fato de que existe algo, e não nada, e de que há ordem no que existe aponta para a existência de um criador, isto é, de algo que proporciona ser, atividade e ordem" (STOEGER, 2009, p. 5).

Para o teólogo brasileiro Luiz Carlos Susin, "as ciências não desenvolveram e nem lhes compete desenvolver métodos que provem ou se deparem com um Deus. Um cientista pode ser agnóstico ou crente, mas isto é uma decisão de fé, não uma constatação científica. Para quem crê na ação criadora de Deus, a narrativa da criação ganha sentido dentro das grandes tradições religiosas e literárias, portanto da cultura que expressa o sentido da fé, e não propriamente da ciência" (SUSIN, 2009, p. 32).

Umberto Eco parafraseou Wittgenstein, afirmando que "aquilo de que não se pode falar, deve-se narrar". A linguagem científica não consegue dizer tudo o que se pode narrar a respeito da verdade. Ciência não é sinônimo de verdade; é parte dela. Paul Ricoeur é um bom exemplo do quanto a linguagem narrativa, com suas características míticas, tem densidade de verdade que a ciência não alcança. É narrando que se diz o "mistério".

Realmente, é um grande desafio narrar Deus em uma sociedade pós-tudo. A fragmentação é inerente à chamada pós-modernidade. Não há mais uma unidade nas ciências, na religião e na arte. Como diz o filósofo Ernildo Stein, "virá um tempo não muito distante, como consequência dessa fragmentação e relativização, uma era em que irão predominar discursos ateísticos sobre Deus por parte daqueles que Dele nada sabem" (STEIN, 2009). Estaremos frente a frente com uma "espiritualidade" sem Deus e um "homem-Deus".

A discussão entre ciência e religião, razão e fé, já perpassa séculos, e a expectativa é de que o diálogo deverá ser aprofundado, estando ainda longe de ser encerrado ou resolvido. Temos entre nós, em português, duas obras que merecem nossa atenção para reflexão e aprofundamento em torno da temática. A primeira é uma tradução do inglês, cujos organizadores são Ted Peters e Gaymon Bennett, e se intitula, *Construindo pontes entre a ciência e a religião* (PETERS; BENNETT, 2003), e a outra é uma reflexão teológica de pensadores brasileiros sob coordenação de Afonso M. L.

Soares e João D. Passos, cujo título é: *Teologia e ciência: diálogos acadêmicos em busca do saber* (SOARES; PASSOS, 2008). Em uma perspectiva mais psicológica, temos duas obras em português, uma coordenada por Dulcineia da Mata Ribeiro Monteiro, que se intitula: *Espiritualidade e finitude: aspectos psicológicos* (MONTEIRO, 2006), e a outra, organizada por Mauro Martins Amatuzzi, que tem como título *Psicologia e espiritualidade* (AMATUZZI, 2008), Em clima e perspectiva de inclusão e não exclusão, de convergência entre ciência, religião e sabedoria, de François Euvé *Ciência, fé, sabedoria*; é preciso falar de convergência? (EUVÉ, 2009), vejamos a seguir qual a relação entre religião e espiritualidade.

"Julgo que a religião esteja relacionada com a crença no direito à salvação pregada por qualquer tradição de fé, crença esta que tem como um de seus principais aspectos a aceitação de alguma forma de realidade metafísica ou sobrenatural, incluindo possivelmente uma ideia de paraíso ou nirvana [...]. Considero que espiritualidade esteja relacionada com aquelas qualidades do espírito humano — tais como amor e compaixão, paciência e tolerância, capacidade de perdoar, contentamento, noção de responsabilidade, noção de harmonia — que trazem felicidade tanto para a própria pessoa quanto para os outros."

DALAI-LAMA

Religião e espiritualidade

> "Deus não tem religião."
> MAHATMA GANDHI

Espiritualidade sem religião?

Podemos dizer que a espiritualidade está em alta hoje. Despertam um verdadeiro *glamour* especialmente as espiritualidades de cunho oriental (Budismo, Hinduísmo etc.). Constata-se que o Cristianismo institucionalizado do Ocidente perdeu significativamente o interesse para muita gente. Se frequentarmos livrarias, vamos logo ver que são muitas as ofertas de espiritualidade no amplo e sedutor supermercado das religiões.

Analisemos sem julgar ou moralizar uma perspectiva muito difundida hoje principalmente nos meios mais cultos e intelectuais. No livro *Espiritualidade para céticos: paixão, verdade cósmica e racionalidade no século XXI*, o filósofo norte-americano Solomon, logo no prefácio, confessa que nunca entendeu a espiritualidade. Ou melhor, nunca lhe deu muita atenção. Quando o assunto era discutido, desculpava-se para se afastar. Diz que não foi educado para ser religioso, mas para ser "moral" na linha do humanismo secular: "Crescer como uma das raras crianças de filiação judaica (ainda que nominal) em uma comunidade esmagadoramente protestante significou que a religião sempre me apareceu como uma ameaça" (SOLOMON, 2003, p. 17). Olhando para trás, percebe que estava misturando espiritualidade e religião — aliás, o pior da religião —, e rejeitando as duas por força de medos e preconceitos que carregou da infância. Mostra-se crítico em relação às atitudes hipócritas e sectárias dos religiosos, que olham com desprezo para quem não aceita as mesmas crenças e tradições religiosas que eles. Podemos dizer que a intolerância mística de cunho terrorista ganhou maior força ainda com os atentados às torres gêmeas de Nova York em 11 de setembro de 2001. Foi, sem dúvida, um atentado terrorista alimentado por um combustível místico de alta combustão, de cunho fundamentalista islâmico.

Por outro lado, Solomon desdenha o que ele denomina de "banalidades irrefletidas da nova consciência" que se faz passar por espiritualidade não sectária, tais como a crença no poder das pirâmides, do Feng Shui à mediunidade. Diz ele: "Entre minha aversão por hipocrisia moralista e meu desdém por banalidades insensatas da Nova Era, rejeitei erroneamente o que agora vejo ser uma dimensão essencial da vida. A espiritualidade pode ser separada tanto do sectarismo vicioso quanto de banalidades irrefletidas. A espiritualidade, cheguei a compreender, é nada menos que o amor bem pensado à vida" (SOLOMON, 2003, p. 18). A razão de escrever a obra em questão é de atribuir "um sentido não religioso, não institucional, não teológico, não baseado em escrituras, não exclusivo da espiritualidade, um sentido que não seja farisaico, que não se baseie em crença, que não seja dogmático, que não seja anticiência, que não seja místico, que não seja acrítico, carola ou pervertido" (SOLOMON, 2003, p. 18). Diz o que busca: "Uma espiritualidade naturalizada de que sempre tive um vislumbre, e é isso que quero perseguir neste livro" (SOLOMON, 2003, p. 21).

É muito curiosa a narração que Solomon faz de seu casamento com Kathleen Higgins, uma filósofa, considerada uma das maiores especialistas de Nietzsche. Kathy foi educada como uma católica devota, e pretendia um dia tornar-se freira. Tornou-se uma filósofa, que conhece muito de Nietzsche, um dos grandes filósofos do Ocidente, antirreligioso, anticristão, e que declarou que "Deus está morto". Solomon afirma que levou muito tempo para começar a reconhecer e a compreender o profundo senso de espiritualidade de sua esposa. "Kathy conserva e pratica 'religiosamente' seu catolicismo. Como o consegue, qual é o segredo, é que seu catolicismo — e seu amor a Nietzsche — consiste em profunda espiritualidade" (SOLOMON, 2003, p. 23).

Ao definir espiritualidade naturalizada, evoca dois exemplos. O primeiro em relação à música que nos arrebata. O essencial é que a música nos tira de nós mesmos, dizia o filósofo Schopenhauer. Permite-nos escapar de nossos temores e desejos. Transporta-nos para um universo maior e forja uma comunhão entre nós. O segundo exemplo é a natureza. Quer vejamos o mundo como criação de Deus ou como um mistério secular que a ciência está tratando de entender, não há como negar a beleza e a majestade de tudo, de cadeias de montanhas, desertos e florestas. Prestemos atenção ou não, a natureza, sem ser convidada, se impõe a nós, por meio de sua força assombrosa de um furacão ou de um terremoto, curiosamente denominados por advogados ateus como "atos de Deus". Convictamente, Solomon afirma que "o lugar para procurar a espiritualidade é aqui mesmo, em nossas vidas e em nosso mundo, não alhures" (SOLOMON, 2003, p. 25). Há também espiritualidade em nosso senso de humanidade e camaradagem, em nosso senso de família [...], e ela pode ser encontrada nas melhores amizades. Mais perto do coração, a espiritualidade pode ser encontrada em nossas paixões mais nobres, em particular no amor. Sem fazer referência a um ser superior, "Deus" ou "Espírito Superior", Solomon busca aprofundar "uma espiritualidade naturalizada, e tenta fazer uma jornada pessoal de redescoberta através da filosofia" (SOLOMON, 2003, p. 25).

Em outra perspectiva, estudiosos, como Hardwig (2000), vão falar da dimensão espiritual e de espiritualidade como "referindo-se a preocupações em relação com o significado e os valores fundamentais da vida". Espiritual não implica nenhuma crença em um ser supremo, ou em uma vida depois desta. Espiritual, então, não significa religioso, e os que se denominam ateus também têm preocupações espirituais como qualquer outra pessoa. Também Breitbart (2003), conhecido especialista norte-americano em cuidados paliativos e profundo conhecedor da obra de Viktor Frankl, define espiritualidade "como aquilo que permite que uma pessoa vivencie um sentido transcendente na vida. Trata-se de uma construção que envolve conceitos de 'fé' e/ou 'sentido'". A fé é descrita "como uma crença em uma força transcendente superior, não identificada necessariamente com Deus nem vinculada necessariamente com a participação nos rituais ou crenças de uma religião organizada específica; essa fé pode identificar tal força como externa à psique humana ou internalizada; é o relacionamento e a ligação com essa força, ou esse espírito, que é o componente essencial da experiência espiritual, estando vinculados com o conceito de sentido. O sentido envolve a convicção de que se está realizando um papel e um propósito inalienáveis em uma vida que é um dom, uma vida que traz consigo a responsabilidade de realizar o pleno potencial que se tem como ser humano, e, ao fazê-lo, ser capaz de alcançar um sentido de paz, alegria ou mesmo transcendência por meio do vínculo com alguma coisa maior do que o próprio eu" (FRANKL, 1959, citado por BREITBART, 2003). Nessa perspectiva, Breitbart (2003) afirma que a espiritualidade é uma construção formada por fé e sentido. O elemento "fé" está frequentemente associado à religião e às crenças religiosas, ao passo que o componente "sentido" parece ser um conceito mais universal que pode existir tanto em pessoas que seguem uma determinada religião quanto nas que não têm nenhuma referência religiosa.

O psicólogo brasileiro Angerami-Camom, autor de inúmeras obras na área da psicologia existencial, em um interessante texto intitulado "O papel da espiritualidade na prática clínica", afirma que "somos espiritualidade, por mais que queiramos negar tal enredamento ou ainda que possamos insistir em concepções teóricas que a excluem do seio das discussões de sua abrangência. Somos seres que trazem a espiritualidade imbricada com a nossa condição, como algo inerente de modo indissolúvel e indivisível" (ANGERAMI-CAMOM, 2003). Ainda, segundo o autor, "vivemos a espiritualidade, ainda que estejamos conceituando-a como ateísmo", entendendo o ateísmo como descrença na abstração arbitrariamente imaginada e que foi denominada Deus. A busca da espiritualidade e da transcendência não passa pela busca de Deus. A crença em Deus é algo que brota no coração do crente e não é de maneira alguma indispensável para a nossa elevação enquanto condição humana (ANGERAMI-CAMOM, 2003).

Religião e espiritualidade: distinguir sem separar

Na visão do Dalai-Lama, há distinção entre religião e espiritualidade: "Julgo que religião esteja relacionada com a crença no direito à salvação pregada por qualquer tradição de fé, crença esta que tem como um de seus principais aspectos a aceitação de alguma forma de realidade metafísica ou sobrenatural, incluindo possivelmente uma ideia de paraíso ou nirvana. Associados a isso estão ensinamentos ou dogmas religiosos, rituais, orações, e assim por diante. Considero que espiritualidade esteja relacionada com aquelas qualidades do espírito humano — tais como amor e compaixão, paciência e tolerância, capacidade de perdoar, contentamento, noção de responsabilidade, noção de harmonia — que trazem felicidade tanto para a própria pessoa quanto para os outros. Ritual e oração, junto com as questões de nirvana e salvação, estão diretamente ligados à fé religiosa, mas essas qualidades interiores não precisam ter a mesma ligação. Não existe, portanto, nenhuma razão pela qual um indivíduo não possa desenvolvê-las, até mesmo em alto grau, sem recorrer a nenhum sistema religioso ou metafísico" (DALAI-LAMA, 2003).

A distinção entre religião e espiritualidade nos ajuda a resgatar a alta relevância da espiritualidade para os dias atuais, marcados pelo modo secular de ver o mundo e pela redescoberta da complexidade misteriosa da subjetividade humana.

As religiões constroem edifícios teóricos — as doutrinas, as morais, as liturgias e os ritos. Constroem também edifícios artísticos, grandes templos e catedrais. Através da arte em geral, da música sacra e das artes plásticas, as religiões nos elevam a Deus. É só entrarmos em uma catedral, por exemplo, a Notre Dame. Além de ser uma joia de arte arquitetônica, vamos encontrar em seu interior e nos seus vitrais retratada toda uma época histórica, cultural e religiosa. As religiões constituem uma das construções de maior excelência do ser humano. Elas trabalham com o divino, com o sagrado, com o espiritual, mas não são, na sua essência, o espiritual.

O que Boff afirma ajuda-nos a refletir: "Quando a religião se esquece da espiritualidade, ela pode se autonomizar, articulando os poderes religiosos com outros poderes. No Ocidente, tivemos já muita violência religiosa, feita em nome de Deus. Ao se institucionalizar em forma de poder, seja sagrado, social ou cultural, as religiões perdem a fonte que as mantém vivas — a espiritualidade. No lugar de homens carismáticos e espirituais, passam a criar burocratas do sagrado. Em vez de pastores que estão no meio do povo, criam autoridades, acima do povo e de costas para ele. Não querem fiéis criativos, mas obedientes; não propiciam a maturidade na fé, mas o infantilismo da subserviência. As instituições religiosas podem tornar-se, com seus dogmas, ritos e morais, o túmulo do Deus vivo" (BOFF, 2001, p. 19).

A religião codifica uma experiência de Deus e lhe dá a forma de poder doutrinário, moral e ritual. A espiritualidade se orienta pela experiência do encontro vivo com Deus. Este encontro sempre novo e inspirador é vivido como gerador de sentido, entusiasmo de viver e transcendência.

Afinal, o que entender por espiritualidade e mística?

Nossa compreensão alinha-se com a perspectiva de Boff (2003), quando afirma que "a espiritualidade é aquela atitude pela qual o ser humano se sente ligado ao todo, percebe o fio condutor que liga e religa todas as coisas para formarem um cosmo. Essa experiência permite ao ser humano dar um nome a esse fio condutor, dialogar e entrar em comunhão com ele, pois o detecta em cada detalhe do real. Chama-o de mil nomes, Fonte Originária de todas as coisas, Mistério do Mundo ou simplesmente Deus" (BOFF, 2003). É ainda Boff que nos diz que "a espiritualidade tem a ver com experiência, não com doutrina, não com dogmas, não com ritos, não com celebrações, que são apenas caminhos institucionais capazes de nos ajudar a alcançá-la, mas que são posteriores a ela. Nasceram da espiritualidade, podem até contê-la, mas não são a espiritualidade. São água canalizada, não a fonte de água cristalina" (BOFF, 2001, p. 44).

E o que entender por mística? A mística é aquela forma de ser e de sentir que acolhe e interioriza experiencialmente esse Mistério sem nome e permite que ele impregne toda a existência. Não o saber sobre Deus, mas o sentir Deus funda o místico. Como dizia com acerto Wittgenstein, "o místico não reside no como o mundo é, mas no fato de que o mundo é". Para ele "crer em Deus é compreender a questão do sentido da vida; crer em Deus é afirmar que a vida tem sentido. É esse tipo de mística que confere um sentido último ao caminhar humano e a suas indagações irrenunciáveis sobre a origem e o destino do universo e de cada ser humano" (BOFF; BETO, 1994).

A mística e a espiritualidade se exteriorizam institucionalmente nas religiões do mundo, e subjazem aos discursos éticos, portadores de valores, de normas e de atitudes fundamentais. Sem elas, a ética se transforma em um código frio de preceitos e as várias morais em processos de controle social e de domesticação cultural. Por isso, a ética, como prática concreta, remete a uma atmosfera mais profunda, àquele conjunto de visões, sonhos, utopias e valores inquestionáveis cuja fonte situa-se na mística e na espiritualidade. São como a aura, sem a qual nenhuma estrela brilha (BOFF; BETO, 1994).

A palavra "mística" é adjetivo de mistério. Originalmente, a palavra mistério (*mysterion* em grego) quer dizer "perceber o caráter escondido, não comunicado de uma realidade ou de uma intenção". Não possui um conteúdo teórico, mas está ligada à experiência religiosa. Mistério não equivale a enigma que, decifrado, desaparece. Mistério designa a dimensão de profundidade que se inscreve em cada pessoa, em cada ser e na totalidade da realidade e que possui um caráter indecifrável. Mistério não constitui uma realidade que se opõe ao conhecimento. Pertence ao mistério ser conhecido. Mas pertence também ao mistério continuar mistério no conhecimento. Aqui está o paradoxo do mistério. Ele não é o limite da razão. Por mais que conheçamos uma realidade, jamais se esgota nossa capacidade de conhecê-la mais e melhor. Aquilo que denominamos de realidade é incomensuravelmente maior que nossa razão e nossa vontade de dominar pelo conhecimento; por isso não podemos absolutizar o conhecimento da tecnociência, como sendo o único conhecimento que nos revela a verdade das coisas (BETTO; BOFF, 2005, p. 35).

É importante lembrar que mesmo cientistas como Niels Bohr, Werner Heisenberg, Max Planck, David Bohm e Albert Einstein, entre outros, falam da experiência do mistério. Einstein escreveu em 1938, no seu ensaio intitulado *Como vejo o mundo*: "O mistério da vida me causa a mais forte emoção. É este sentimento que suscita a beleza e a verdade, cria a arte e a ciência. Se alguém não conhece esta sensação do mistério ou não pode mais experimentar espanto ou surpresa, já é um morto-vivo e seus olhos cegaram. Aureolada de temor é a realidade secreta do mistério que constitui também a religião" (citado em BETTO; BOFF, 2005, pp. 36-37).

Existe um significado de espiritualidade com um sentido mais antropológico que religioso, que se liga à reflexão sobre o sentido da vida. Esta visão de espiritualidade é entendida como a capacidade que o ser humano possui de dialogar com o seu eu profundo e entrar em harmonia com os apelos que vêm de sua interioridade. Essa compreensão pode ser realizada por praticantes de credos religiosos, agnósticos e descrentes. Cada um se encontra com um horizonte utópico dentro de si, com sua interioridade. O processo de personalização supõe a integração desta dimensão que confere luz, serenidade e paz à vida humana. Para a pessoa religiosa, esse profundo é habitado por Deus, e acolher essa dimensão implica acolher o amor incondicional Dele e pôr-se em uma atitude de escuta.

O ser humano faz hoje a experiência da indiferença, da fragmentação e da desintegração despersonalizante, que lhe rouba a saúde e o deixa sempre mais vulnerável às doenças. Para além da indignação ética, ele ousa buscar uma nova unidade integradora da existência e interconexão com a vida na sua globalidade. Estamos em busca do elo perdido, que tudo liga e religa (religião = *religare*). A partir dessa religação é que percebemos que toda busca de saúde, na sua essência, é uma procura nostálgica de salvação. Vejamos a seguir como a espiritualidade é vista no contexto dos códigos de ética médica, recentemente revistos em vários países, inclusive no Brasil.

"O paciente tem o direito de receber ou recusar conforto espiritual ou moral, incluindo a ajuda de um ministro de sua religião de escolha."

Associação Médica Americana

"Uma das responsabilidades fundamentais do médico é prover cuidados apropriados ao seu paciente, mesmo quando a cura não é mais possível, incluindo o conforto físico e espiritual, bem como o suporte psicossocial."

Código de Ética Médica Canadense (2004)

Espiritualidade nos códigos de ética médica brasileiros e em alguns documentos internacionais

> "Toda pessoa deve ter seus valores, cultura e direitos respeitados na relação com os serviços de saúde, garantindo-lhe: [...] o recebimento ou recusa à assistência religiosa, psicológica e social."
> Ministério da Saúde do Brasil,
> Portaria n. 1.820, artigo 5º

Espiritualidade nos códigos de ética médica brasileiros

Há um cansaço na cultura contemporânea em relação a uma medicina que reduz o ser humano meramente à sua dimensão biológica orgânica. O ser humano é muito mais do que sua materialidade biológica. Poderíamos dizer que esse cansaço provocou uma crise da medicina técnico-científica e que favoreceu o nascimento de um novo modelo, o do paradigma biopsicossocial (SIQUEIRA, 2000; CASSEL, 1991). É a partir dessa virada antropológica que podemos introduzir a dimensão espiritual do ser humano como um importante componente de trabalho na área de cuidados na saúde. Já existem inúmeras publicações em nosso meio sobre essa questão que não podem passar despercebidas (LELOUP; BOOF; WEIL et alii, 2002. PESSINI; BARCHIFONTAINE, 2008. PESSINI; BERTACHINI, 2004).

O primeiro código de ética médica adotado no Brasil foi o da Associação Médica Americana, de 1867. Nesse mesmo ano, o texto foi traduzido para o português e divulgado pela *Gazeta Médica da Bahia*, em Salvador, cidade onde se instalou em 1808 a primeira faculdade brasileira de medicina, graças à vinda da Corte Portuguesa (MARTIN, 1993).

O autor da breve introdução, não assinada, faz questão de realçar os fundamentos religiosos da moral proposta no Código de 1867: "Os preceitos que a Associação Americana faz obrigatórios para os seus membros, são-no também moralmente para todos os médicos que prezam a dignidade própria, respeitando a dos outros, e que consideram a nossa profissão um apostolado, um sacerdócio, e não uma ocupação lucrativa; são baseados no direito consuetudinário, por assim dizer, e reconhecidos pela classe médica dos países civilizados, e nos sãos princípios de moral universal, de justiça, de lealdade e amor ao próximo, que são os mesmos para todos os povos cultos, iluminados pelo Cristianismo".

Logo no artigo 1º — Deveres dos médicos para com os seus doentes, § 4º — "Para ser ministro de esperança e conforto para seus doentes, é preciso que o médico, alentando o espírito que desfalece, suavize o leito da morte, reanime a vida que expira, e reaja contra a influência deprimente destas moléstias que muitas vezes perturbam a tranquilidade dos mais resignados em seus últimos momentos. A vida do doente pode ser abreviada não só pelos atos, como também pelas palavras ou maneiras do médico. É, portanto, um dever sagrado proceder com toda a reserva a este respeito, e evitar tudo que possa desanimar o doente ou deprimir-lhe o espírito. § 5º — O médico não deve abandonar o doente por julgar o caso incurável. Sua assistência pode continuar a ser muito útil ao enfermo, consolar os parentes, ainda no último período de uma moléstia fatal, aliviando-o da dor e de outros sintomas, e acalmando a aflição do espírito".

A profissão médica é descrita com termos religiosos, como "apostolado" e "sacerdócio". Além disso, o texto assinala que "o Cristianismo" é a inspiração fundamental dos valores do código. Na relação médico-paciente, o perfil do profissional médico é desenhado em linguagem religiosa: "ministro de esperança e conforto"; "alentando o espírito que desfalece"; "é um dever sagrado proceder com toda a reserva a este respeito, e evitar tudo o que possa desanimar o doente ou deprimir-lhe o espírito".

No *Código de 1929*, o respeito exigido pela religião é absoluto: "O médico deverá respeitar as crenças religiosas de seus clientes, não se opondo em caso algum nem por qualquer motivo ao cumprimento dos preceitos religiosos" (artigo 7º/1929).

O *Código de 1931* já propõe uma modificação desta postura: "O médico deve respeitar as crenças religiosas dos seus clientes, não se opondo ao cumprimento dos preceitos daí decorrentes, salvo nos casos em que a prática deles determinar alteração sensível nos cuidados terapêuticos, ou puder acarretar perigo iminente à vida do doente; outrossim, não deve sugerir ao incrédulo ou de crença diversa, o exercício de preceitos de sua religião" (artigo 7º/1931).

O *Código de 1945* situa as convicções religiosas no mesmo nível das convicções políticas: "É dever do médico respeitar as convicções políticas e as crenças religiosas do cliente, não se opondo à prática que delas decorra, salvo no caso em que essa prática possa trazer perturbações aos cuidados terapêuticos, ou acarretar perigo iminente à vida do enfermo. Abster-se, outrossim, de sugerir ao doente a adoção do seu próprio credo religioso ou político" (artigo 3º, § 1e/1945).

O *Código de 1953*, logo no artigo 1º, que versa sobre normas fundamentais, afirma que o compromisso da medicina como profissão é com a saúde da pessoa, no seu contexto social, e que este ideal maior não pode estar subordinado a nenhum outro valor. "A medicina é uma profissão que tem por fim cuidar da saúde do homem, sem preocupações de ordem religiosa, racial, política ou social, e colaborar para a prevenção da doença". Uma das fontes inspiradoras desse artigo é a Declaração de Genebra, que inicia com o juramento solene do médico de "consagrar minha vida a serviço da Humanidade" e que, logo adiante, faz a promessa: "Não permitirei que concepções religiosas, nacionais, raciais, partidárias ou sociais intervenham entre meu dever e meus pacientes". Esse código está preocupado em não discriminar ninguém "a partir das preocupações religiosas".

Percebemos que os códigos mais antigos mencionam claramente o comportamento do médico diante das crenças religiosas. Não são hostis à religião e existe um reconhecimento de seu valor e de que ela merece respeito. Nos códigos mais recentes, por exemplo, o de 1984 e o de 1988, observa-se um silêncio em relação à temática, em grande parte devido ao violento processo de secularização pelo qual passou e vem passando nossa cultura ibero-americana desde a década de 1970.

O Código de Ética Médica de 2009 (CONSELHO FEDERAL DE MEDICINA — Resolução n. 1.931/2009) basicamente manteve o que vinha sendo dito na tradição dos últimos códigos, ou seja, uma perspectiva tímida e negativa em relação à questão da religião. Menciona a religião em quatro ocasiões, mas todas elas em um tom negativo:

(a) Nos princípios fundamentais, inciso X — "O trabalho do médico não pode ser explorado por terceiros com objetivo de lucro, finalidade política ou *religiosa*". (b) No capítulo sobre o direito dos médicos (cap. II, inciso I: É vedado ao médico: "exercer a Medicina sem ser discriminado por *questões de religião*, etnia, sexo". (c) Artigo 20: É vedado ao médico: "Permitir que interesses pecuniários, políticos, *religiosos* ou de quaisquer outras [áreas] interfiram na escolha dos melhores meios de prevenção, diagnóstico ou tratamento". (d) Artigo 47. É vedado ao médico: "Usar de sua posição hierárquica para impedir, por meio de *crença religiosa*, convicção filosófica, política".

Como vemos, nesse código a religião está ligada à discriminação e interesses que comprometem uma conduta de lisura ética e que, portanto, devem ser evitados. Indiretamente poderíamos dizer que o Código de Ética Médica de 2009, ao afirmar, em três momentos (Princípio XX; artigo 35, § 2º, e artigo 41, parágrafo único), a necessidade de implementação de cuidados paliativos quando estamos diante de uma situação de doença incurável e final de vida, valoriza a espiritualidade, pois os cuidados espirituais estão no coração do entendimento e definição de cuidados paliativos. Mas uma referência explícita ao tema não teria desabonado em nada o conteúdo do código; muito pelo contrário, teria sido mais um avanço entre outros, se compararmos com outros países. Certamente na próxima revisão essa questão terá um tratamento não discriminatório, assumindo uma perspectiva mais positiva. Religião, na sua essência, não pode ser equacionada como causa de violência e discriminação (fundamentalismos religiosos), mas é fator fundamental de bem-estar e saúde. É nessa linha que vemos um renascimento, neste início de milênio, da aproximação entre espiritualidade e medicina, com inúmeros trabalhos científicos, que apontam para integração e não separação entre valores humanos e fatos científicos. Isso constitui uma evidente superação da racionalidade técnica cartesiana mediante a inclusão de um componente humanista na cientificidade médica.

Observamos, com Leonard Martin, que "os códigos de ética na área de medicina no Brasil se desenvolvem em uma matriz secular e filosófica, independente de qualquer formulação explícita de valores religiosos. Refletindo a situação pluralista em que se pratica a medicina no mundo contemporâneo, procuraram-se princípios que teriam ampla aceitação com bases humanísticas e filosóficas" (MARTIN, 1993, p. 35). É claro que o Código de Ética Médica da Associação Americana de 1867, que foi adotado em terras brasileiras, apresenta-se como uma exceção diante da tradição de ética médica codificada brasileira, pois, como vimos, explicitamente assume uma linguagem religiosa. É importante também lembrar que estamos ainda em pleno século XIX. O espírito deste humanismo cristão que esse código deixa transparecer não se pode perder em meio à revolução tecnocientífica em curso no mundo da saúde.

Veremos a seguir como organizações e entidades de saúde de reconhecido prestígio mundial (Associação Médica Mundial) e mesmo códigos de ética de países ditos desenvolvidos (Canadá, EUA, entre outros) incorporam a espiritualidade de uma forma explícita e positiva, como um direito do paciente e também como uma responsabilidade médica, no contexto global de cuidados de saúde.

A espiritualidade nos cuidados de saúde em alguns documentos internacionais

A *Declaração Universal sobre Bioética e Direitos Humanos* da Unesco (UNESCO, 19/10/2005), logo na sua introdução, apresenta como fundamento uma visão antropológica integral, holística, contemplando a "dimensão espiritual" do humano: "Tendo igualmente presente que a identidade de um indivíduo inclui dimensões biológicas, psicológicas, sociais, culturais e espirituais".

A *Associação Médica Mundial (AMA)*, na Declaração sobre os Direitos do Paciente, revista na 171ª sessão do Conselho, Santiago, outubro de 2008, elenca onze direitos, sendo que o décimo primeiro é o "Direito à assistência religiosa". Na íntegra: "O paciente tem o Direito de receber ou recusar conforto espiritual ou moral, incluindo a ajuda de um ministro de sua religião de escolha".

No *Canadá*, o Código de Ética Médica (atualizado em 2004), ao apresentar as dez "responsabilidades fundamentais" dos médicos, no que toca ao assunto em tela, diz que é uma responsabilidade fundamental do médico "prover cuidados apropriados ao seu paciente, mesmo quando a cura não é mais possível, incluindo o conforto físico e espiritual, bem como apoio psicossocial".

Nos *EUA, a Associação Médica Americana*, em uma declaração sobre cuidados de final de vida (2005), diz que, "na última fase da vida, as pessoas buscam paz e dignidade" e sinaliza aos médicos que "prestem atenção nos objetivos e valores pessoais da pessoa na fase final de vida. Os pacientes devem confiar que seus valores pessoais terão uma prioridade razoável, seja na comunicação com a família e amigos, seja no cuidado das necessidades espirituais, seja na realização de uma última viagem, seja na tarefa de concluir uma questão ainda inacabada na vida, ou morrer em casa, ou em outro lugar significativo para a pessoa".

Em *Portugal*, o Código Deontológico (aprovado em 26 de setembro de 2008) assim se expressa a respeito da religião/espiritualidade (artigo 51: Respeito pelas crenças e interesses do doente):

1. O médico deve respeitar as opções religiosas, filosóficas ou ideológicas e os interesses legítimos do doente.

2. Todo o doente tem o direito de receber ou de recusar conforto moral e espiritual, nomeadamente o auxílio de um membro qualificado da sua própria religião.

3. Se o doente ou, na incapacidade deste, os seus familiares ou representantes legais quiserem chamar um ministro ou outro membro de qualquer culto, um notário ou outra entidade legalmente competente, o médico tem o dever de possibilitar no momento em que considere mais oportuno.

O Código de Ética para a Equipe de Saúde da Associação Médica Argentina, aprovado em 2001, assim se posiciona em relação à espiritualidade: No "livro II — Do exercício profissional, cap. 4 — Dos direitos e deveres da equipe de saúde. Art. 57 — Deve respeitar as crenças religiosas do enfermo, não impedindo suas práticas, salvo que o mandato religioso signifique um atentado contra a saúde que está obrigado a proteger. Neste caso, comunicará ao enfermo e se negará a continuar com suas atenções se o mesmo persiste em sua posição".

Em relação aos direitos e deveres dos pacientes (cap. 5), assim se expressa: "Art. 79 — Todo paciente tem o direito de receber apoio emocional e a solicitar ajuda espiritual ou religiosa de pessoas da sua escolha. Art. 80 — O paciente tem direito a: a) ser cuidado por pessoas capazes de ajudá-lo a manter um sentimento de esperança e confiança em momentos críticos".

No que toca ao cuidado com o paciente em fase terminal, no cap. 33 (Do cuidado com o paciente incurável), artigo 544, diz que se deve "respeitar os princípios morais e ou religiosos de cada paciente no momento da sua morte".

No *México*, entrou em vigor em 5 de janeiro de 2009 o *Decreto por el que se reforma y adiciona la ley general de salud en materia de cuidados paliativos*. No cap. II, que trata dos direitos do paciente em situação terminal (art. 166, *bis* 3), entre os doze direitos arrolados, o XI diz que o paciente tem direito "a receber os serviços espirituais quando ele, sua família, representante legal ou pessoa de confiança o solicitar".

Como podemos perceber, pela amostra apresentada desses documentos, a dimensão dos cuidados espirituais é parte integrante dos cuidados a que o paciente tem direito. É interessante assinalar que as instituições supracitadas que hoje defendem o "direito de assistência religiosa" não são instâncias religiosas, não são Igrejas, mas sim organizações seculares (ONU, Unesco, associações de médicos), o que valoriza ainda mais a questão da importância do fator espiritual no processo doença/saúde no ser humano.

A espiritualidade e a humanização nos cuidados de saúde

No Brasil, o Ministério da Saúde aprovou a Portaria n. 1.820, de 13 de agosto de 2009 (dez artigos), que "dispõe sobre os direitos e deveres dos usuários da saúde nos termos da legislação vigente" (artigo 1º), que passam a constituir a "Carta dos Direitos dos Usuários da Saúde".

Trata-se de uma verdadeira carta para *o exercício da cidadania* no âmbito dos cuidados e serviços de saúde. Espera-se que não fique somente no papel como simplesmente uma declaração de boas intenções. Com vigilância cidadã, pode transformar-se em um instrumento fundamental na humanização dos cuidados de saúde.

O artigo 4º e o parágrafo único afirmam: "Toda pessoa tem direito ao atendimento humanizado e acolhedor, realizado por profissionais qualificados, em ambiente limpo, confortável e acessível a todos. Parágrafo único: É direito da pessoa, na rede de serviços de saúde, ter atendimento humanizado, acolhedor, livre de qualquer discriminação, restrição ou negação em virtude de idade, raça, cor, etnia, religião, orientação sexual, identidade de gênero, condições econômicas ou sociais, estado de saúde, de anomalia, patologia ou de deficiência, garantindo-lhe: III — nas consultas, nos procedimentos diagnósticos, preventivos, cirúrgicos, terapêuticos e internações, o seguinte: [...] d) [o respeito] aos seus valores éticos, culturais e religiosos [...]; g) o bem-estar psíquico e emocional [...]. X — a escolha do local de morte [...]; XIX — o recebimento de visita de religiosos de qualquer credo, sem que isso acarrete mudança na rotina de tratamento e do estabelecimento e ameaça à segurança ou perturbações a si ou aos outros". Chama a atenção o fato de que o artigo 5º afirma que "toda pessoa deve ter seus valores, cultura e direitos respeitados na relação com os serviços de saúde, garantindo-lhe: [...] VIII — o recebimento ou recusa à assistência religiosa, psicológica e social".

Na portaria do Ministério da Saúde sobre os direitos e deveres dos usuários do sistema de saúde, a questão religiosa é vista de forma positiva, reconhecida como uma necessidade humana que aponta para cuidados a que o doente tem direito. Há um cansaço na cultura contemporânea em relação à medicina que reduz o ser humano meramente à sua dimensão biológica orgânica. Vamos dar um basta à atuação de profissionais "mecânicos e insensíveis"! Clama-se por profissionais "humanos e sensíveis". O ser humano é muito mais do que sua materialidade biológica.

Poderíamos dizer que esse cansaço provocou uma crise da medicina técnico-científica, favorecendo o nascimento de um novo modelo antropológico: o paradigma bio-psico-sócio-espiritual. É a partir dessa mudança que se pode introduzir a dimensão espiritual como fundamental do ser humano. E isso necessita ser valorizado e implementado no âmbito de cuidados na área da saúde.

Constatamos uma redescoberta da espiritualidade como um fator de bem-estar, conforto, esperança e saúde. Precisamos urgentemente que nossas instituições de saúde se organizem estruturalmente (capelanias, voluntariado preparado) no atendimento dessa necessidade humana fundamental de busca de um sentido maior para a vida, principalmente quando esta é tecida com dor e sofrimento. Tal necessidade é uma emergência espiritual.

"O sofrimento ocorre quando existe a possibilidade de uma destruição iminente da pessoa, continua até que a ameaça de desintegração passe ou até que a integridade da pessoa seja restaurada novamente de outra maneira. Sentido e transcendência oferecem duas pistas de como o sofrimento associado com destruição de uma parte da personalidade pode ser diminuído. Dar um significado à condição sofrida frequentemente reduz ou mesmo elimina o sofrimento associado a ela. A transcendência é provavelmente a forma mais poderosa pela qual alguém pode ter sua integridade restaurada após ter sofrido a desintegração da personalidade."

ERIC CASSEL

Diante da dor e do sofrimento humano: que cuidado e espiritualidade cultivar?

> "A tábua de valores do paciente é tão importante quanto sua análise de sangue."
> Hans-Martin Sass

O cuidado da dor como um direito humano

A dor e o sofrimento são companheiros da humanidade desde tempos imemoriais. Seu controle e alívio é hoje uma das competências e responsabilidades éticas fundamentais dos profissionais da saúde. Essa ação constitui um indicador fundamental de qualidade de cuidados, bem como de assistência integral ao paciente no âmbito da saúde.

A dor é um sintoma e uma das causas mais frequentes da procura pelos serviços de saúde. Em muitas instituições de saúde humanizadas, a dor é reconhecida como quinto sinal vital integrado na prática clínica. Se a dor for cuidada com o mesmo zelo que os outros sinais vitais (temperatura, pressão arterial, respiração e frequência cardíaca), sem dúvida haveria muito menos sofrimento. Os objetivos da avaliação da dor servem para indicar a causa da doença, bem como para compreender a experiência sensorial, afetiva, comportamental e cognitiva da pessoa para implementar seu alívio e cuidado.

Hoje se reconhece que a dor é uma doença. De acordo com a definição da Organização Mundial da Saúde, a saúde "é um estado de completo bem-estar, físico, mental e social, e não somente a ausência de doença ou de mal-estar". É evidente que as condições dolorosas são um estado de mal-estar. Portanto, o ser humano que sofre de dor não está sadio e tem violado seu direito inalienável à saúde. O artigo 25 da Declaração Universal dos Direitos Humanos reconhece como um dos direitos dos seres humanos "um nível de vida adequado para a saúde e o bem-estar". Infelizmente, a saúde e o bem-estar nem sempre são uma opção possível. Ocorre que em inúmeras situações, muitas pessoas, devido à velhice ou às doenças, sentem dor e sofrem muito no final da vida.

A falta de um tratamento adequado para a dor é uma das maiores injustiças e uma causa importante de grandes sofrimentos e de desespero. A premissa filosófica e humanística da proposta de considerar o tratamento da dor como um direito humano fundamental é a busca legítima de reconhecimento explícito para que se proclame e promova o tratamento da dor por si mesmo à categoria de um dos direitos fundamentais do ser humano. O reconhecimento intrínseco do tratamento da dor como um direito humano incluído no direito à saúde é importante, mas insuficiente. Além deste princípio de elevar o tratamento da dor à categoria de um dos direitos fundamentais do ser humano, busca-se dar-lhe uma estrutura legal, aliviar a dor, eliminar a opção pela eutanásia como medida desesperada para pôr fim ao sofrimento, prover qualidade de vida àqueles que são vítimas dessa tortura e levar paz e esperança às famílias das pessoas que padecem do terrível flagelo da dor.

Ouvimos com frequência no âmbito dos cuidados de saúde pessoas dizendo: "Não tenho medo de morrer, mas sim de sofrer e sentir dor". Ou então outros que dizem que "dói o coração", "dói a alma". Pois bem, estas são expressões metafóricas de um sofrimento interior. É importante que distingamos os conceitos de dor e de sofrimento. O corpo sente dor e esta se liga ao sistema nervoso central. Para tratar desta dor, necessitamos de medicamentos, analgésicos.

O sofrimento atinge a pessoa como um todo. Mais que um problema de técnica farmacológica, constitui um desafio ético, perante o qual nosso enfrentamento e cuidado são feitos a partir da atribuição de um sentido e valores transcendentes. Veremos mais adiante essa perspectiva, que se tornou a causa da vida e obra de Viktor Frankl (FRANKL, 2008).

Distinção entre dor e sofrimento humano

Vivemos, no âmbito das terapias da saúde, um período dominado pela analgesia, no qual fugir da dor é o caminho racional e normal. À medida que a dor e a morte são absorvidas pelas instituições de saúde, as capacidades de enfrentar a dor, de inseri-la no ser e de vivê-la são retiradas da pessoa. Ao ser tratada por drogas, a dor é vista medicamente como um barulho de disfuncionamento nos circuitos fisiológicos, sendo despojada de sua dimensão existencial subjetiva. Claro que essa mentalidade retira do sofrimento seu significado íntimo e pessoal e transforma a dor em problema técnico.

Diz-se que hoje temos a chamada trindade farmacológica da felicidade, no nível *físico-corporal*, *psíquico* e *sexual*, que está disponível a conta-gotas nas prateleiras das farmácias, a um custo razoável. O *xenical* — para emagrecimento e para a busca da felicidade do corpo escultural; o *prozac* — para a superação dos incômodos da depressão e da busca do bem-estar psíquico; e o *viagra* — para a libertação do fracasso e da vergonha da disfunção erétil (impotência), proporcionando o prazer e a felicidade sexuais. Não possuímos mais hoje os místicos de outrora, que atribuíam à dor e ao sofrimento um sentido. Vivemos em uma sociedade na qual o sofrer não tem sentido, e por isso nos tornamos incapazes de encontrar sentido em uma vida marcada pelo sofrimento. Na base das solicitações para a prática da eutanásia, temos sempre o drama da vida envolta em sofrimento sem perspectivas. As culturas tradicionais tornam o homem responsável por seu comportamento, sob o impacto da dor, sendo que hoje é a sociedade industrial que responde diante da pessoa que sofre, para livrá-la de seu incômodo.

Em um meio medicalizado, a dor perturba e desnorteia a vítima, obrigando-a a entregar-se ao tratamento. Ela transforma em virtudes obsoletas a compaixão e a solidariedade, fontes de reconforto. Nenhuma intervenção pessoal pode mais aliviar o sofrimento. Só quando a capacidade de sofrer e de aceitar a dor for enfraquecida é que a intervenção analgésica terá o efeito previsto. Nesse sentido, a gerência da dor pressupõe a medicalização do sofrimento.

A dor pode ser definida como uma perturbação, uma sensação no corpo. O sofrimento, por outro lado, é um conceito mais abrangente e complexo, atinge o todo da pessoa. Pode ser definido, no caso de doença, como um sentimento de angústia, vulnerabilidade, perda de controle e ameaça à integridade do eu. Pode existir dor sem sofrimento e sofrimento sem dor. Em cada caso, somente nós podemos senti-lo, bem como aliviá-lo. A dor exige medicamento e analgésico; o sofrimento clama por sentido. Como afirma Cassel (1998), "o sofrimento ocorre quando existe a possibilidade de uma destruição iminente da pessoa, continua até que a ameaça de desintegração passe ou até que a integridade da pessoa seja restaurada novamente de outra maneira. Aponto que *sentido e transcendência* (grifo nosso) oferecem duas pistas de como o sofrimento, associado com destruição de uma parte da personalidade, pode ser diminuído. *Dar um significado* à condição sofrida frequentemente reduz ou mesmo elimina o sofrimento associado a ela. A *transcendência* é provavelmente a forma mais poderosa pela qual alguém pode ter sua integridade restaurada, após ter sofrido a desintegração da personalidade" (CASSEL, 1998).

No famoso livro bíblico de Jó, escrito há mais de 2.500 anos, temos uma apresentação do mistério do sofrimento e sua relação com Deus. É a mesma pergunta que tantos "Jós" (sofredores) se fazem hoje. Por que Deus faz isto comigo? O rabino Kushner responde que "as palavras de Jó nem de longe contêm uma indagação de ordem teológica — elas são um grito de dor. Depois daquelas palavras, caberia um ponto de exclamação, não de interrogação. O que Jó queria de seus amigos [...] não era teologia, mas simpatia. Não desejava que lhe explicassem Deus, tampouco estava querendo mostrar-lhes que sua teologia era insatisfatória. Ele queria somente dizer-lhes que era realmente um bom homem e que as coisas que lhe estavam acontecendo eram terrivelmente trágicas e injustas. Mas seus amigos empenharam-se tanto em falar de Deus que quase esqueceram de Jó, a não ser para observar que ele deveria ter feito alguma coisa de muito ruim para merecer aquele destino das mãos de um Deus justo" (KUSHNER, 1999).

Na história da espiritualidade cristã católica, em época não muito distante de nós, enfatizava-se exageradamente a importância do sofrimento, caindo-se em uma mentalidade dolorista de valorização do sofrimento por si mesmo. A expressão do povo: "se a gente não sofre, não ganha o céu" espelha bem essa mentalidade. Na busca de superação dessa religião do sofrimento e da culpa, precisamos beber da fonte primeira, redescobrindo nos Evangelhos que no centro não está a dor e o sofrimento, mas o amor. O mandamento não é para sofrer, mas para amar.

Na carta apostólica *Salvifici Doloris* lemos que "o sofrimento humano suscita compaixão, inspira também respeito e, a seu modo, intimida. Nele, efetivamente está contida a grandeza de um mistério específico". É dito também que "o amor é ainda a fonte mais plena para a resposta à pergunta acerca do sentido do sofrimento. Esta resposta foi dada por Deus ao homem, na Cruz de Jesus Cristo" (JOÃO PAULO II, 1984).

Que sentido dar à vida diante do sofrimento?

Nosso ciclo vital não é diferente daquele dos demais seres vivos do planeta: nascemos, crescemos, ficamos adultos, envelhecemos e partimos. Nesse ciclo, entre o início e o fim, estamos diante de uma vida marcada por alegrias e tristezas, sorrisos e lágrimas, sofrimentos e busca de realização. Os acontecimentos em nossas vidas podem ter um significado e ser qualificados como "bons" ou "maus"; "justos" ou "injustos", bem como podem ser interpretados como fatos do acaso e sem sentido algum. "Sofremos" da condição humana da qual nenhum ser humano pode escapar.

Os acontecimentos da existência humana são frequentemente moldados por nossas crenças religiosas (ou pela falta delas) e experiências. Hoje, sem dúvida, estamos diante de um grande desafio: encontrar um sentido maior para vivermos nossa vida mortal, inevitavelmente finita. Precisamos aprender como equilibrar esperança e desespero, como viver com a inevitabilidade do aparente "absurdo" da existência do sofrimento e da morte.

No *Memorial Sloan — Kettering Cancer Center*, em Nova York (EUA), trabalha um grupo de profissionais da saúde liderados pelo psiquiatra William Breitbart. Esse médico é responsável pela unidade de cuidados paliativos daquela instituição, que presta assistência a pacientes de câncer em sua fase final de vida. Há alguns anos eles estão utilizando com grande sucesso, em sua filosofia de cuidados, a logoterapia de Viktor Frankl (1905-1997), ou seja, a psicoterapia baseada no sentido da vida. A importância do bem-estar espiritual e o papel do "significado" em depressão moderada, desesperança e desejo de morrer em pacientes em fase terminal levaram esses profissionais a buscar em Viktor Frankl tratamentos que não fossem exclusivamente farmacológicos, novas intervenções através das quais pudessem abordar as questões existenciais relacionadas ao bem-estar espiritual e à perda do sentido da vida.

Entre as principais contribuições de Viktor Frankl, estão: o aumento da consciência da dimensão espiritual da experiência humana e a importância central do sentido como força motriz ou instinto da psicologia humana. Na qualidade de psiquiatra que sobreviveu ao campo de concentração de Auschwitz, durante a Segunda Guerra Mundial (1939-1945), Frankl viu suas ideias passarem a ter grande aceitação. Alguns conceitos fundamentais de sua escola (logoterapia, ou seja, a terapia através da busca do sentido), são: (1) *sentido da vida* — a vida tem sentido e nunca cessa de ter, mesmo em seus momentos finais; o significado pode mudar nesse contexto, mas nunca deixa de existir; (2) *desejo de encontrar sentido* — descobrir o sentido na existência humana é um instinto primário e uma motivação básica do comportamento humano; (3) *livre-arbítrio* — temos a liberdade de encontrar significado na existência e escolher a atitude diante do sofrimento; (4) as três principais fontes de sentido são: (a) *criatividade* (o trabalho, as boas ações, dedicação às pessoas); (b) *experiência* (a arte, a natureza, o humor, o amor, os papéis que desempenhamos na vida); e (c) *atitude* (postura que se tem diante do sofrimento e dos problemas existenciais).

Com a autoridade moral que conquistou ao sobreviver a Auschwitz, relatadas no seu diário que se tornou um *best-seller* mundial (*O homem em busca de sentido*), Viktor Frankl nos diz que "o ser humano não é destruído pelo sofrimento, mas pelo sofrimento sem sentido" (FRANKL, 2008). Como enfrentar situações adversas de vida, sofrimentos "sem explicação", sem que percamos nossa identidade e valores, é uma arte que exige busca de sentido, bem como resiliência. Vejamos, ainda que rapidamente, o que entender por resiliência.

"As pessoas resilientes são feridas pela vida, sim, (e quem não o é?) e desenvolvem uma profunda sensibilidade em relação a tudo que as cerca. Transformam-se em radares de alta sensibilidade. Além disso, possuem recursos interiores fundamentais para produzir o bálsamo necessário que ameniza dores e sofrimentos, mas que também cura e cicatriza as feridas. Essas cicatrizes serão a prova concreta, o sinal indelével de sua luta incansável e esforço de superação, de saber que é possível continuar a 'viver dignamente' apesar de tudo! Enfim, de dar a volta por cima e testemunhar com alegria a vitória. Identificamos que alguém é resiliente quando, diante das adversidades, se apresenta como protagonista e não vítima."

ROSETTE POLETTI E BÁRBARA DOBBS

Em busca da resiliência:
a capacidade de dar a volta por cima

> "Diante do sentimento de desvalimento, de desproteção e de necessidade de ajuda diante do sofrimento, a crença em um ser superior, ou em vários, constitui uma força de sustentação, recuperação e proteção."
> Susana Rocca Larrosa

O que entender por resiliência?

O termo "resiliência" provém do latim, do verbo *resilire*, que significa "saltar para trás" ou "voltar ao estado natural". Historicamente, esse conceito foi utilizado pela física e pela engenharia. Um dos pioneiros dessa utilização foi o cientista inglês Thomas Young (1807), que, buscando a relação entre tensão e compressão de barras metálicas, usou o termo para dar a noção de flexibilidade, elasticidade e ajuste às tensões.

Originalmente, o termo resiliência surgiu a partir da física e refere-se à habilidade de uma substância retornar à sua forma original quando a pressão é removida: flexibilidade, invulnerabilidade ou invencibilidade são precursores da definição do termo na área da psicologia. A invulnerabilidade significaria uma resistência absoluta ao estresse, uma característica não sujeita a mudanças. No entanto, com os progressos dos estudos, os pesquisadores constataram que a resiliência não significava invencibilidade, mas sim a possibilidade de enfrentamento, adaptação e superação. Os estudiosos foram mostrando que a resiliência não é um fenômeno estático, mas um processo complexo que envolve os recursos pessoais, ambientais, relacionais e o engajamento em uma situação adversa para sua posterior superação.

O *Dicionário Aurélio* define o termo resiliência como a "propriedade pela qual a energia armazenada em um corpo deformado é devolvida quando cessa a tensão causadora da deformação elástica". O adjetivo "resiliente" seria, então, o "que apresenta uma resistência aos choques". O conceito resiliência foi além das fronteiras da física e passou a ser utilizado também nas áreas da educação, sociologia, psicologia, medicina e até na gestão organizacional.

Para a medicina, a resiliência é conceituada como sendo a capacidade apresentada pelo organismo humano de recuperar-se de algum acidente ou trauma. Um doente resiliente é aquele que tem condições de compreender, superar, administrar e criar um novo sentido de vida diante de uma dura experiência de sofrimento.

Para a psicologia, o conceito define um conjunto de processos sociais e intrapsíquicos que possibilitam às pessoas manifestarem o máximo de inteligência, saúde e competência em contextos complexos, adversos e sob pressão. Tanto na medicina quanto na psicologia, os estudos de resiliência focam o desenvolvimento de recursos saudáveis e inteligentes que a pessoa dispõe, e não as psicopatologias.

Segundo Susana Rocca Larrosa, psicóloga uruguaia que se tem dedicado e aprofundado o tema da resiliência ao longo de sua vida profissional, "o paradigma da resiliência propõe uma mudança de ótica, centrando a observação nas capacidades das pessoas e grupos de resistir e refazer-se após experiências de grandes sofrimentos: em vez de focar a atenção nas fraquezas, sintomas, doenças, carências, tenta-se descobrir quais são os chamados 'fatores de proteção' e os 'pilares da resiliência', isto é, as forças positivas do ambiente circundante e as capacidades pessoais para reagir e superar as adversidades da vida, a fim de fomentá-las e promovê-las" (ROCCA LARROSA, 2007, p. 18).

Resiliência no âmbito pessoal

O ser humano possui recursos inacreditáveis que precisam ser descobertos, cuidados e potencializados. Busca-se uma compreensão do segredo de pessoas que, aparentemente, seriam simplesmente destruídas, mas conseguiram enfrentar e superaram experiências adversas ou mudanças traumáticas de vida, saindo de tais situações transformadas e mais fortes do que antes.

Somos resilientes quando nos tornamos capazes de ir além da "capacidade de superar". Temos duas dimensões: de um lado, a resistência à destruição, a capacidade de proteger nossa integridade física e pessoal sob fortes pressões; e, do outro, a capacidade de construir, criar uma vida digna não obstante contextos e circunstâncias adversas (perdas de entes queridos, enfermidades incuráveis, acidentes etc.).

As pessoas resilientes são "feridas" pela vida, sim, (e quem não o é?) e desenvolvem uma profunda sensibilidade em relação a tudo que as cerca. Transformam-se em "radares de alta sensibilidade". Além disso, possuem recursos interiores fundamentais para produzir o "bálsamo" necessário que ameniza dores e sofrimentos, mas que também cura e cicatriza as feridas. Essas cicatrizes serão a prova concreta, o sinal indelével de sua luta incansável e esforço de superação, de saber que é possível continuar a "viver dignamente", apesar de tudo! Enfim, de dar a volta por cima e testemunhar com alegria a vitória. Identificamos que alguém é resiliente quando, diante das adversidades, se apresenta como protagonista e não vítima (POLETTI; DOBBS, 2001).

Qual é a importância da crença, da fé e da confiança para que a resiliência aconteça? Os sistemas de confiança da família são a mais poderosa influência para a resiliência: (1) famílias que se ajudam produzem significado com base em sua situação adversa e nas opções que têm diante de si; (2) ajudando-se, elas superam o desespero para retomar a esperança e a confiança, as quais ajudam a conquistar seus objetivos com esforço e persistência; (3) cultivando uma espiritualidade, envolvendo a fé, as práticas espirituais e uma comunidade de fé, dão como suporte a sua força e oferecem o conforto e a solidariedade em momentos difíceis (WALSH, 2007, p. 12).

Ao ser questionada como as religiões e fé influenciam no processo de resiliência, Rocca Larrosa assim se posiciona: "As religiões sempre tentaram dar uma resposta, uma interpretação e uma ajuda para a transignificação dos limites, um sentido para poder lidar com e superar as situações adversas: escassez, catástrofes, carências, as forças ambientais ou as ações violentas negativas, ou de sofrimento que acompanham o contato com o mal e o sofrimento: o porquê e o para quê [...]. Diante do sentimento de desvalimento, de desproteção, e de necessidade de ajuda que o ser humano tem diante do sofrimento, a crença em um ser superior, ou em vários, constitui uma força de sustentação, recuperação e de proteção, atinge a solidão interior de quem padece a dor, motivando um vínculo com um Outro transcendente com quem se pode contar e se sentir seguro: propicia uma compreensão ou interpretação do que está acontecendo, favorecendo a busca de sentido com vistas à superação da situação traumática e do sofrimento [...]. A crença em um ser superior, o fato de poder contar com sua presença e ajuda, é um pilar fundamental para a superação, especialmente diante das situações difíceis de violência, acidente, luto ou doença terminal" (ROCCA LARROSA, 2007, p. 18).

Resiliência no âmbito profissional e social

Em termos empresariais, hoje se começa a utilizar o conceito de "resiliência estratégica" para nomear a capacidade de uma determinada organização, equipe de trabalho ou profissional manter-se constantemente atualizada, conectada e antecipada com as "mudanças de necessidade" e as expectativas da realidade (CARMELLO, 2008).

O foco da resiliência estratégica não se situa apenas na antecipação das mudanças e necessidades, mas também na criação de coerência e alinhamento estratégico. Coerência refere-se à capacidade de cumprir o que se promete realizar. Que as ações cotidianas estejam em sintonia com a missão, visão, valores e planejamento estratégico. Organizações saudáveis são aquelas que melhor respondem às mudanças, seja pela sua sensibilidade em não perder as oportunidades, seja pelo seu modelo de gestão de atuar rapidamente em termos de ajustes estratégicos e construção de valor. Se uma mudança organizacional não for bem gerenciada, vamos nos deparar com a resistência dos colaboradores e não com a desejada resiliência.

A resiliência não elimina o risco da mudança, mas encoraja os líderes e colaboradores a se engajarem e se comprometerem com a nova situação. Nesse contexto, o colaborador resiliente é aquele que interpreta a adversidade como um aprendizado novo e um desafio para crescer. Escolhe a inteligência e a esperança, em vez de apresentar-se como pessimista e vítima do processo.

Não podemos permanecer encapsulados no mero subjetivismo individualista. Urge ampliar a perspectiva quando falamos de promoção da resiliência, não supõe uma visão ingênua ou eufórica que nega as sérias problemáticas que causam as feridas da vida dos seres humanos e do ambiente. Há muitas realidades traumáticas, diante das quais é preciso garantir mudanças pessoais, sociais e estruturais. Não podemos trabalhar somente para evitar as consequências negativas. É preciso trabalhar contra as causas que ocasionam esses danos, especialmente diante das desigualdades sociais, da injustiça, da corrupção, da miséria, da guerra, das diferentes formas de violência e opressão. Nessa perspectiva, Susana Maria Rocca Larrosa afirma que "promover a resiliência é também lutar por políticas públicas que garantam os direitos fundamentais das pessoas: necessidades físicas básicas: segurança, casa, alimentação, saúde, educação, emprego, enfim, formas de superação que respeitem o próximo e o bem comum" (ROCCA LARROSA, 2007, p. 20).

Desafio: cultivar um sentido de vida e valores transcendentes

Estudos e pesquisas sobre essa temática colocam em relevo a importância da filosofia de vida, o ter um sentido para viver ou por quem viver. Outros destacam como vimos anteriormente a importância de cultivar uma religião, uma fé e virtudes espirituais. Existe uma agenda de trabalho interior que necessita ser implementada, colocada na prática.

Enfim, ao final dessa visão rápida e sintética sobre a capacidade humana de superar as situações adversas e de crescimento diante de grandes dificuldades, podemos dizer que a resiliência se tece ao longo da vida e é um processo profundamente dinâmico. Não existem seres "invulneráveis". As pessoas não "são", mas "estão" resilientes, já que as capacidades não são ilimitadas nem definitivas A resiliência é um estado que varia segundo a idade da pessoa, bem como segundo o conjunto de fatores de risco sofridos ao longo de sua história de vida. Seja qual for o cenário, somos responsáveis por amenizar solidariamente o sofrimento do outro e de tornar o mundo um lugar melhor para todos. Não podemos deixar que "o canto e o encanto pela vida", dom maravilhoso de Deus, se tornem um "desencanto" de morte! A vida nos foi dada para grandes coisas, mas também com a responsabilidade de torná-la sempre mais bela, saudável e feliz! Precisamos ser artífices e artistas desse projeto! Nesse sentido, a espiritualidade cristã representa um caminho ao alcance desse ideal.

O curador ferido

A imagem do "curador ferido" (*wounded healer*) serve para evidenciar o processo interior a que são chamados todos quantos prestam ajuda a quem passa por um momento difícil na vida, marcado pelo sofrimento físico, psíquico ou espiritual. Esse processo significa o reconhecimento, a aceitação e a integração das próprias feridas.

As origens dessa imagem remontam à Antiguidade clássica. Mitologias e religiões de quase todas as culturas possuem uma grande riqueza de figuras que, para poder ajudar os outros, primeiramente devem curar-se a si próprios. Entre os diferentes núcleos culturais em cujo contexto nasce e vai se afirmando a imagem do curador ferido, três merecem atenção: o mito de Esculápio, o xamanismo e a tradição bíblica do Servo de Javé.

Esculápio, filho de Apolo e de Corônis, é educado na arte da medicina pelo centauro Quirón, o qual sofria a consequência de uma chaga incurável que lhe havia infligido Hércules como castigo. Ele é o curador necessitado de cura, quem ensina a Esculápio a arte de curar, isto é, a capacidade de se sentir à vontade na obscuridade do sofrimento, a arte de se sentir "em casa" na dor, descobrindo no interior do mesmo as sementes da luz e da cura dos demais.

No xamanismo, o terapeuta deve enfrentar um período de enfermidade, durante o qual ele se recolhe em silêncio, a fim de reorganizar sua identidade dentro do grupo. A fonte última de seu poder de curar reside neste período e em outras experiências similares. Pode ajudar os outros a receber a cura porque ele mesmo esteve enfermo e passou da enfermidade para a cura.

O Livro de Isaías apresenta o Servo de Javé como aquele que salva a humanidade através de suas próprias dores. "Fomos curados por causa de suas chagas" (Is 53,5).

Jung falava do curador ferido como um arquétipo, isto é, uma potencialidade inata de comportamento presente no homem e que está constituída por dois polos: a ferida e a cura. Toda pessoa é vulnerável, ou susceptível de ser ferida por solidão, temor, angústia, separação, luto, enfermidade. Contudo, em cada sujeito existe também uma dimensão de cura, constituída por um conjunto de recursos (físicos, psíquicos e espirituais), os quais, quando utilizados adequadamente, podem contribuir para curar as feridas.

Com a imagem do curador ferido, os terapeutas do corpo e do espírito são chamados não somente a ativar a dimensão curativa no exercício de sua atividade, mas também a tomar consciência de suas próprias feridas, envolvendo-se no processo de autoterapia.

Sem dúvida, existem resistências culturais no processo de utilização da própria vulnerabilidade como fonte de cura para os outros, nas profissões de ajuda. No campo da psicoterapia se cultiva o mito de que o terapeuta não tem nada que não esteja bem, e ele é o elemento são da relação. Nesta forma de ver as coisas, o paciente é o doente, a pessoa cujas feridas exigem atenção, enquanto as feridas do terapeuta podem permanecer à margem e não necessitam ser tratadas na interação.

Quem se reconciliou com suas próprias feridas torna-se capacitado para acompanhar mais eficazmente os que sofrem. Pode aproximar-se das feridas alheias com liberdade, sem se sentir ameaçado. Sabe superar a tentação de exercer poder sobre as pessoas que o procuram para serem curadas. A partir de sua própria experiência de sofrimento, são capazes de extrair sentimentos de compreensão, participação e compaixão, que tornam possível a proximidade em relação a quem sofre através de uma relação autêntica. É bom lembrar que os terapeutas do corpo e do espírito, mesmo que tenham percorrido fielmente todo o itinerário que conduz à própria cura, não cessam nunca de ser vulneráveis. A experiência do negativo deixa impressa neles a consciência perene de sua própria condição ferida. Essa consciência de abraçar a própria fragilidade e vulnerabilidade não pode ser eliminada, porque é constitutiva da condição humana; torna o terapeuta ferido capaz de dedicar-se a um acompanhamento competente que ajude a quem o busque.

"Estamos diante de um momento crítico na história da Terra, em uma época em que a humanidade deve escolher seu futuro. À medida que o mundo torna-se cada vez mais interdependente e frágil, o futuro enfrenta, ao mesmo tempo, grandes perigos e grandes promessas [...]. Que o nosso tempo seja lembrado pelo despertar de uma nova reverência diante da vida, por um compromisso firme de alcançar a sustentabilidade, pela rápida luta pela justiça, pela paz e pela alegre celebração da vida."

CARTA DA TERRA

Espiritualidade e cuidado do planeta Terra

> "Ensinem às suas crianças o que ensinamos às nossas: que a Terra é nossa mãe. Tudo o que acontecer à Terra, acontecerá aos filhos da Terra."
>
> CHEFE INDÍGENA

Espiritualidade ecológica não é voltar a uma religião do medo ou da dependência das forças cósmicas, mas cultivar uma atitude de respeito para com o mistério mais profundo, que envolve a criação e todas as criaturas viventes.

O teólogo brasileiro Leonardo Boff é hoje o grande porta-voz dessa perspectiva, com inúmeras obras publicadas em relação à temática: (1) *Homem: Satã ou anjo bom?* (BOFF, 2008); (2) *Ética da Vida: a nova centralidade* (BOFF, 2009a); (3) *A opção Terra: a solução para a Terra não cai do céu* (BOFF, 2009b). Seguimos fielmente seus passos nas reflexões que seguem.

Cuidar da vida e saúde humanas, hoje, passa obrigatoriamente pelo cuidado da casa de todos nós, ou seja, do planeta Terra. Começamos a falar de "meio ambiente saudável" que propicia saúde e não doenças, mortes e sofrimentos. Urge que resgatemos hoje uma espiritualidade ecológica. Sabemos que a saúde humana tem uma estreita relação com o meio ambiente. Segundo a Organização Mundial da Saúde (OMS), das 102 principais doenças, 85 eram em parte causadas pela exposição a riscos ambientais. Estes correspondem a 25% de anos perdidos de vida.

A melhor forma de respeitar a natureza é promover uma ecologia humana aberta à transcendência (*Aparecida*, n. 136). Francisco de Assis, há séculos, descobriu a dimensão do respeito, cuidado e admiração que devemos ter com toda a criação. Na visão de Leonardo Boff, "São Francisco fundou um novo humanismo, uma síntese feliz entre a ecologia exterior (cuidado para com todos os seres) e a ecologia interior (ternura, amor, compaixão e veneração). Enquanto nós somos velhos, ele é novo, mesmo tendo vivido mais de 800 anos antes de nós".

O planeta Terra: sujeito de dignidade e de direitos

Hoje começamos a falar da importância de considerar a subjetividade da Terra, de sua dignidade e de seus direitos. O tema é relativamente novo, pois dignidade e direitos eram reservados somente aos seres humanos, portadores de consciência e inteligência. Predomina ainda uma visão antropocêntrica como se nós exclusivamente fôssemos portadores de dignidade. Esquecemos que somos parte de um todo maior. Como dizem renomados cosmólogos, se o espírito está em nós, é sinal de que ele estava antes no universo do qual somos fruto e parte.

Há uma tradição da mais alta ancestralidade que sempre entendeu a Terra como a Grande Mãe que nos gera e que fornece tudo o que precisamos para viver. As ciências da Terra e da vida vieram, pela via científica, nos confirmar essa visão. A Terra é um superorganismo vivo, Gaia, que se autorregula para estar sempre apta a manter a vida no planeta. A própria biosfera é um produto biológico, pois se origina da sinergia dos organismos vivos com todos os demais elementos da Terra e do cosmo. Criaram o *hábitat* adequado para a vida, a biosfera. Portanto, não há apenas vida sobre a Terra. A Terra mesma é viva e como tal possui um valor intrínseco e deve ser respeitada e cuidada como todo ser vivo. Esse é um dos títulos de sua dignidade e a base real de seu direito de existir e de ser respeitada por todos os demais seres.

Se os seres humanos possuem dignidade e direitos, como é consenso dos povos, e se a Terra e seres humanos constituem uma unidade indivisível, então podemos dizer que a Terra participa da dignidade e dos direitos dos seres humanos. Por isso não pode sofrer sistemática agressão, exploração e depredação por um projeto de civilização que apenas a vê como algo sem inteligência e a trata sem nenhum respeito, negando-lhe valor autônomo e intrínseco em função da acumulação de bens materiais. É uma ofensa à sua dignidade e uma violação de seus direitos de poder continuar inteira, limpa e com capacidade de reprodução e de regeneração. Por isso, está em discussão um projeto na ONU para um "Tribunal da Terra" que pune quem viola sua dignidade, desfloresta, contamina seus oceanos e destrói seus ecossistemas vitais para a manutenção do clima e da vida.

Por sua intuição profética e sua compreensão simbólica, que se sintonizam com a sabedoria do cosmo e cantam as estrelas e a criação como o salmista e que exemplificam o que estamos refletindo na perspectiva franciscana de Leonardo Boff, vale a pena destacar alguns trechos do discurso do chefe de uma tribo indígena norte-americana ao presidente dos EUA, quando o governo, em 1854, quis comprar parte de suas terras. Este pronunciamento, distribuído em todo o mundo pelo Programa para o Meio Ambiente da ONU, é considerado um dos mais belos e profundos hinos ecológicos que o ser humano já fez.

Discurso do chefe indígena ao presidente norte-americano (1854)

Como se pode comprar ou vender o céu, o calor da Terra? Essa ideia nos parece estranha. Se não possuímos o frescor do ar e o brilho da água, como é possível comprá-los? Cada pedaço desta terra é sagrado para meu povo. Cada ramo brilhante de um pinheiro, cada punhado de areia das praias, a penumbra na floresta densa, cada clareira e inseto a zumbir são sagrados na memória e experiência de meu povo. A seiva que percorre o corpo das árvores carrega consigo as lembranças do homem vermelho.

Os mortos do homem branco esquecem sua terra de origem quando vão caminhar entre as estrelas. Nossos mortos jamais esquecem esta bela terra, pois ela é a mãe do homem vermelho. Somos parte da terra e ela faz parte de nós. As flores perfumadas são nossas irmãs; o cervo, o cavalo, a grande águia são nossos irmãos. Os picos rochosos, os sulcos úmidos nas campinas, o calor do corpo do potro e o homem — todos pertencem à mesma família [...]. Esta terra é sagrada para nós.

Esta água brilhante que escorre nos riachos e rios não é apenas água, mas o sangue de nossos antepassados. Se lhes vendermos a terra, vocês devem lembrar-se de que ela é sagrada, e devem ensinar às suas crianças que ela é sagrada e que cada reflexo nas águas límpidas dos lagos fala de acontecimentos e lembranças da vida do meu povo. O murmúrio das águas é a voz de meus ancestrais. Os rios são nossos irmãos, saciam nossa sede. Os rios carregam nossas canoas e alimentam nossas crianças. Se lhes vendermos nossa terra, vocês devem lembrar e ensinar a seus filhos que os rios são nossos irmãos e seus também. E, portanto, vocês devem dar aos rios a bondade que dedicariam a qualquer irmão.

Sabemos que o homem branco não compreende nossos costumes. Uma porção da terra, para ele, tem o mesmo significado que qualquer outra, pois é um forasteiro que vem à noite e extrai da terra aquilo de que necessita. A terra não é sua irmã, mas sua inimiga, e quando ele a conquista, prossegue seu caminho. Deixa para trás os túmulos de seus antepassados e não se incomoda. Rapta da terra aquilo que seria de seus filhos e não se importa. A sepultura de seu pai e os direitos de seus filhos são esquecidos. Trata sua mãe, a Terra, e seu irmão, o céu, como coisas que possam ser compradas, saqueadas, vendidas como carneiros ou enfeites coloridos. Seu apetite devorará a terra, deixando somente um deserto [...].

Talvez seja porque o homem vermelho é um selvagem e não compreenda. Não há um lugar quieto nas cidades do homem branco. Nenhum lugar onde se possa ouvir o desabrochar de folhas na primavera ou o bater das asas de um inseto. Mas talvez seja porque eu sou um selvagem e não compreendo. O ruído parece somente insultar os ouvidos [...].

O ar é precioso para o homem vermelho, pois todas as coisas compartilham o mesmo sopro — o animal, a árvore, o homem, todos compartilham o mesmo sopro. Parece que o homem branco não sente o ar que respira. Como um homem agonizante há vários dias, é insensível ao mau cheiro. Mas, se vendermos nossa terra ao homem branco, ele deve lembrar que o ar é precioso para nós, que o ar compartilha seu espírito com toda a vida que mantém. O vento que deu a nosso avô seu primeiro inspirar também recebe seu último suspiro. Se lhes vendermos nossa terra, vocês devem mantê-la intacta e sagrada, como um lugar onde até mesmo o homem branco possa ir saborear o vento açucarado pelas flores dos prados [...].

Sou um selvagem e não compreendo nenhuma outra forma de agir. Vi um milhar de búfalos apodrecendo na planície, abandonados pelo homem branco que os alvejou de um trem ao passar. Eu sou um selvagem e não compreendo como o fumegante cavalo de ferro pode ser mais importante que o búfalo, que sacrificamos somente para permanecer vivos. O que é o homem sem os animais? Se todos os animais se fossem, o homem morreria de uma grande solidão de espírito. Pois o que ocorre com os animais em breve acontece com o homem. Há uma ligação em tudo.

Vocês devem ensinar às suas crianças que o solo a seus pés é a cinza de nossos avós. Para que respeitem a Terra, digam a seus filhos que ela foi enriquecida com as vidas de nosso povo. Ensinem às suas crianças o que ensinamos às nossas, que a Terra é nossa mãe. Tudo o que acontecer à Terra, acontecerá aos filhos da Terra. Se os homens cospem no solo, estão cuspindo em si mesmos.

Isto sabemos: a Terra não pertence ao homem; o homem pertence à Terra. Isto sabemos: todas as coisas estão ligadas como o sangue que une uma família. Há uma ligação em tudo. O que ocorrer com a Terra recairá sobre os filhos da Terra. O homem não tramou o tecido da vida; ele é simplesmente um de seus fios. Tudo o que fizer ao tecido fará a si mesmo.

Mesmo o homem branco, cujo Deus caminha e fala com ele de amigo para amigo, não pode estar isento do destino comum. É possível que sejamos irmãos, apesar de tudo. Veremos. De uma coisa estamos certos — e o homem branco poderá vir a descobrir um dia: nosso Deus é o mesmo Deus. Vocês podem pensar que O possuem, como desejam possuir nossa terra; mas não é possível, pois Ele é o Deus do homem, e Sua compaixão é igual para o homem vermelho e para o homem branco. A terra lhe é preciosa, e feri-la é desprezar seu criador. Os brancos também passarão; talvez mais cedo que todas as outras tribos [...]. Mas, quando de sua desaparição, vocês brilharão intensamente, iluminados pela força do Deus que os trouxe a esta terra e, por alguma razão especial, lhes deu o domínio sobre a terra e sobre o homem vermelho. Esse destino é um mistério para nós, pois não compreendemos que todos os búfalos sejam exterminados, os cavalos bravios sejam todos domados, os recantos secretos da floresta densa, impregnados do cheiro de muitos homens, e a visão dos morros, obstruída por fios que falam.

Onde está o arvoredo? Desapareceu. Onde está a águia? Desapareceu. É o final da vida e o início da sobrevivência.

O caminho a seguir: alerta da Carta da Terra

Esse importante documento, que foi aprovado pela Unesco no ano 2000, se traduz no evangelho ético para orientar o ser humano no cultivo de uma atitude de respeito, cuidado para com a casa comum de todos os seres viventes, se quisermos cultivar uma perspectiva de futuro da vida no planeta.

Logo no preâmbulo é dito que "estamos diante de um momento crítico na história da Terra, em uma época na qual a humanidade deve escolher o seu futuro [...]. Para seguir adiante, devemos reconhecer que, no meio de uma magnífica diversidade de culturas e formas de vida, somos uma família humana e uma comunidade terrestre com um destino comum. Devemos somar forças para gerar uma sociedade sustentável global baseada no respeito pela natureza nos direitos humanos universais, na justiça econômica e em uma cultura da paz".

A Terra é nosso lar, e a "proteção de sua vitalidade, diversidade e beleza é um dever sagrado". Estamos falando de uma responsabilidade universal, pois "o espírito de solidariedade humana e de parentesco com toda a vida é fortalecido quando vivemos com reverência o mistério da existência, com gratidão pelo dom da vida e com humildade em relação ao lugar que ocupa o ser humano na natureza".

O primeiro princípio fundamental da Carta da Terra é "respeitar a Terra e a vida em toda sua diversidade: (a) reconhecer que todos os seres são interligados e que cada forma de vida tem valor, independentemente de sua utilização para os seres humanos; (b) afirmar a fé na dignidade inerente de todos os seres humanos e no potencial intelectual, artístico, ético e espiritual da humanidade".

Ao olhar para o futuro, o documento conclui com as seguintes palavras: "Que o nosso tempo seja lembrado pelo despertar de uma nova reverência face à vida, pelo compromisso firme de alcançar a sustentabilidade, a intensificação da luta pela justiça e pela paz, e a alegre celebração da vida!".

"Espiritualidade é um estilo de vida ou uma maneira
de viver segundo as exigências do Evangelho. Falar de
espiritualidade não é falar
de uma parte da vida, mas de toda a vida;
é falar da presença do Senhor em nossa vida
e na comunidade cristã."

CELAM, Discípulos e missionários no mundo da saúde

Bebendo da fonte
da espiritualidade cristã

> "Já não sou eu que vivo,
> mas é Cristo que vive em mim."
> São Paulo, Gálatas 2,20

É necessário sabermos o que é espiritualidade, para não confundi-la com práticas de piedade. Essas, sem a verdadeira espiritualidade, são condenadas por Jesus. No Cristianismo, a referência fundamental em termos de espiritualidade é a pessoa de Jesus. A verdade não é uma teoria ou um teorema, mas Alguém! É nos acercando e conhecendo esta pessoa que vamos entender o que significa uma espiritualidade de seguimento ao Mestre. Jesus, no seu tempo, foi reconhecido pela multidão como alguém que ensinava com autoridade e com poder de cura e não como os escribas e sacerdotes do templo. A autoridade de Jesus enraíza-se em sua compaixão.

O autor da humanidade é Deus, e Jesus haure de Deus, seu Pai, a verdadeira compaixão e amor do coração de Deus, o amor que criou a humanidade. Jesus está repleto do amor divino. Experimenta em sua humanidade este amor com autoridade e poder de Deus. Jesus fala e age a partir deste amor de Deus presente nele. O seu conhecimento de Deus não é um conhecimento intelectual, mas um conhecimento do coração, revelado a ele através da oração de escuta.

Suas ações e palavras de cura emanam deste amor. Se as pessoas recebem e acreditam na mensagem de que o Reino de Deus está ao seu alcance, devem experimentar que Deus as conhece pelo nome e que verdadeiramente cuida delas, aqui e agora. O Reino de Deus anunciado por Jesus não é um território, mas um modo de ser, ou uma situação na qual reina a justiça, existe misericórdia e amor, triunfa a vida. Como um Deus de amor responderia às súplicas de uma criança doente? Diz o Evangelho que o Senhor, ao ver a viúva de Naim, teve compaixão e devolveu à vida seu filho morto (cf. Lucas 7,11-17).

Para os cristãos profissionais da saúde, a questão deixa de ser: "Tenho poder de curar como Jesus?" e passa a ser "estou aberto(a) e disposto(a) a amar como Jesus?". Estamos abertos para deixar que nosso coração seja transformado para receber os que se aproximam de nós com o coração, mente, olhos e ouvidos de Jesus? Estamos dispostos a deixar que nossas mãos, voz, olhos, face expressem a ternura de Jesus? Estou disposto a deixar o Espírito Santo guiar-me para a raiz (emocional, espiritual, familiar) da doença do paciente para lhe trazer a cura verdadeira?

Aprendendo com as palavras e as ações de Jesus nos Evangelhos

Olhemos mais para alguns fatos narrados nos Evangelhos. Certo dia, Jesus estava ensinando e chegaram, então, algumas pessoas, levando em uma maca um homem paralítico. Vendo a fé que eles tinham, Jesus disse: "Amigo, seus pecados estão perdoados [...]; pois bem: para vocês ficarem sabendo que o Filho do Homem tem poder para perdoar pecados — disse Jesus ao paralítico — eu ordeno a você: Levante-se, pegue a sua cama e vá para casa" (Lucas 5,17-24).

Portanto, o sentido de autoridade é o intenso amor e desejo de ver o paralítico livre não somente da paralisia física mas também do peso imobilizador de sua culpa e vergonha. Muitos outros certamente teriam deixado o homem na mesma situação para salvar sua "teologia" ou ciência. Diz ainda Jesus no Evangelho de Mateus: "Mas não imitem suas ações, pois eles falam e não praticam. Amarram pesados fardos e os colocam no ombro dos outros, mas eles mesmos não estão dispostos a movê-los, nem sequer um dedo [...]. Ai de vocês doutores da Lei e fariseus hipócritas! Vocês fecham o Reino do Céu para os homens. Vocês não entram e nem deixam entrar aqueles que desejam" (Mateus 23,4-13).

No relato do homem paralítico na piscina de Betsaida (cf. João 5,1-15), encontramos um ser humano coagido pelos outros a trair seu curador que ousara curá-lo num dia de sábado. Jesus lhe perguntou: "Você quer ser curado?". A mesma pergunta é dirigida a nós. Qual a nossa resposta? Estamos entre os que recusam o amor curador de Deus e ficamos do lado daqueles que contam com nossa descrença? Nossa cura pode até conflitar com nosso meio profissional e nos colocar fora da comunidade, como aconteceu com o cego de nascença, que, ao testemunhar para os judeus a respeito de sua cura, ousou apoiar seu curador (João 9,34).

Para cuidar/curar como Jesus, precisamos ter o coração dele. Mas antes precisamos ter experimentado a cura em nossas vidas. Tornamo-nos, então, seguidores e discípulos de Jesus. Aceitamos o preço do discipulado e estamos dispostos a dar nossa vida pelos nossos irmãos, como Jesus o fez.

Diante da dura realidade do sofrimento humano, Jesus nos ensina muito em termos de experiência de estar sem controle, sem poder, e abandonado. Jesus se torna o homem que viaja de Jerusalém para Jericó, na parábola do Bom Samaritano, de modo que podemos cuidar dele como o fez o Samaritano. "Eu estava enfermo e você me confortou [...]; eu lhe digo: o que você fez ao menor dos meus irmãos o fez a mim" (Mateus 25,35.40). Na parábola do Bom Samaritano (cf. Lucas 10,29-37), somos instados a infringir leis religiosas, incorrer em impureza ritual, para solidariamente cuidar do ser humano necessitado de cuidados de saúde.

Jesus, como modelo de integridade, nos revela que esta começa pela simplicidade ou pureza de coração, com um coração cheio de gratidão e paz, não condicionado ou coibido por leis, agendas, expectativas próprias ou dos outros. Ele tem a liberdade de se ocupar das coisas do Pai.

Jesus, como sacramento de esperança, tocou fundo na vida das pessoas. Ele revelou a verdadeira face de Deus, como alguém cheio de bondade, misericórdia e compaixão. O sacramento é um sinal visível ligado à vida e pessoa de Jesus, que o torna presente de uma forma real. Jesus é o sacramento de um Deus de amor e fiel. Jesus foi a revelação do profundo amor de Deus (cf. João 3,16). Quando olhamos para a cruz, aprendemos o quão longe foi o amor de Deus por nós em Jesus: tornar-se um de nós, correr o risco de ser rejeitado, abandonado, traído e pregado em uma cruz.

Jesus não está mais visível, mas ele fundou uma comunidade visível para testemunhar e continuar sua missão. Essa sacramentalidade da comunidade é comunicada particularmente àquele cuja profissão é cuidar das pessoas doentes. Como profissionais da saúde, somos sacramentos, sinais do amor de Deus para com aqueles de quem estamos cuidando, sinais que tornam o amor de Deus real. Deus nos presenteou com conhecimento e habilidades e usa nossos dons para se revelar aos outros, se estivermos receptivos para que Deus se revele em nós.

Presenciamos ultimamente uma evolução convergente no mundo da saúde, das ciências humanas e no serviço das Igrejas Cristãs, no sentido de uma visão holística da pessoa humana, que exige atenção e terapia global. Cresce a convicção de que a medicina não deve ignorar a subjetividade das pessoas, a psique. A fé e a oração favorecem a saúde, criando um ambiente saudável pessoal e socialmente, condições para o florescimento da vida. No âmbito pessoal, a fé promove a harmonia interior consigo mesmo, com o criado, com os outros e com o grande Outro; o amor que liberta o ser humano de si próprio e dos fatores geradores de estresse; uma vida conduzida segundo o Espírito, que evita desordens e outros fatores que geram doenças, como o ódio que corrói os ossos. O despertar das forças criadoras e curativas da pessoa; o perdão que liberta e dá a paz; a simplicidade evangélica e a pobreza que Deus quer, combatendo a pobreza que Deus não quer, isto é, a miséria causadora de ignorância, fome e doenças. No âmbito social, a fé favorece o amor e a solidariedade para com os outros, com os últimos, eliminando a causa das causas das doenças; a justiça que usa todos os recursos para combater a injustiça social, a ignorância, a fome e a doença; a ecologia, o respeito da natureza e das leis da criação, fatores de vida e saúde (VENDRAME, 2001).

Resumindo, poderíamos dizer que "a atitude de Jesus para com os doentes revela o amor de Deus, rico em misericórdia, que tem predileção por seus filhos que sofrem e têm maior necessidade de ajuda; entende vencer todas as forças do mal que fazem o homem sofrer e deformam sua imagem, obra-prima da criação; quer que o homem, em todas as suas dimensões, seja livre e goze de vida plena (cf. João 10,10). As curas miraculosas revelam seu amor; no homem vivente manifesta-se a glória de Deus. Não é propriamente a doença, mas é a cura que leva a pessoa à fé, à conversão do coração e à comunhão" (VENDRAME, 2001).

Jesus desperta as forças interiores das pessoas, para se tornarem protagonistas de seu próprio processo de cura. Em inúmeras passagens dos Evangelhos, nos relatos de milagres, após a solicitação de cura, Jesus diz: "Levante-se e vá; a sua fé o(a) curou". Ou ainda no episódio do cego de Jericó (cf. Lucas 18,41-42), quando Cristo pergunta: "Que você quer que eu lhe faça?". E ele responde: "Senhor, que eu veja". E Jesus disse a ele: "Veja, a sua fé o salvou". Esses episódios nos ensinam a libertar as pessoas de doenças e sofrimentos: a cura a partir de sua fé, no tratamento e em suas próprias potencialidades. Temos inúmeros relatos em psicoterapia que vão nessa direção. Em uma realidade em que tudo está sendo terceirizado, não podemos terceirizar a esperança e a fé, apelar apenas para agentes externos — como medicamentos, profissionais especializados ou até mesmo determinados rituais religiosos mágicos fundamentalistas —, pois jamais substituirão e farão o que nossa atitude de fé é capaz de fazer.

Enfim, a espiritualidade cristã consiste em viver como Jesus viveu, em comunhão profunda com Deus, deixando-se guiar pelo Espírito, no amor e no serviço do nosso próximo. Esta espiritualidade, comum a todos os cristãos, diversifica-se e especifica-se de acordo com os dotes naturais, os dons da graça de cada um. Tem espiritualidade cristã quem acredita em Jesus Cristo, adota sua visão, assume sua causa, se engaja na sua missão e age guiado pelo seu Espírito — pelo amor. Trata-se de uma identificação com Cristo, como Paulo escreveu: "Já não sou eu que vivo, mas é Cristo que vive em mim" (Gálatas 2,20).

Vida humana: redescobrindo a "lógica do dom"

Aprendemos desde muito cedo a dar graças pela vida, o dom maravilhoso que Deus nos presenteou, porém nem sempre fizemos dessa verdade um princípio de reflexão. Fazer do dom da vida um início de reflexão é o que chamamos de "a lógica do dom". Que a vida seja um dom não é simplesmente um dado que recebo e aceito, mas é um modo de compreendê-la para levá-la até sua plenitude.

Hoje temos dois grandes desafios a serem vencidos, ou seja, *superar os reducionismos antropológico, naturalista e sociológico*. O *reducionismo naturalista* considera a vida humana simplesmente como um elemento a mais de uma natureza geral, um ponto a mais no contexto cósmico, em que aparece como uma espécie nova com características especiais. Porém, a vida não é mais que um *continuum* que vai se desenvolvendo. Este reducionismo naturalista é o que se ensina nas escolas, a respeito do que é a vida e a origem da mesma. Este é o modelo que se impõe nos ambientes científicos.

O *reducionismo sociológico* considera que o valor da vida é o que a sociedade lhe dá. Uma vida é valiosa, dependendo de sua contribuição para a sociedade. O valor das coisas depende da sociedade. Valoriza-se uma vida humana se ela se aproxima ou se afasta do modelo que a sociedade apresenta. Consequentemente, também existirá uma maneira de apresentar a vida como perigosa para a sociedade. Um exemplo disso são os argumentos demográficos que nos apresentam o crescimento da vida humana como algo que pode prejudicar nosso estado de bem-estar, e, consequentemente, nos induzem a uma suspeita a respeito da vida para que necessariamente não a consideremos como um bem. Dessa forma, existirão determinadas vidas que vão ser consideradas "inservíveis" para a sociedade. Da mesma forma, ao se apresentar e idolatrar um ideal de vida neste estado de bem-estar, as vidas daquelas pessoas que se afastam desse ideal serão vistas como não dignas de serem vividas e, por conseguinte, serão desvalorizadas.

O ponto comum desses reducionismos está na maneira de encarar a vida: não reconhecem a dimensão original da vida pessoal. É exatamente nesse reconhecimento que a lógica do dom nos ajuda de uma maneira nova. O dom não aparece como princípio científico de reflexão, de experimento. O experimento é exatamente o contrário do dom. Consiste em forçar as coisas para que respondam ao resultado buscado, de tal forma que, sempre que se repita o experimento, obter-se-ão os mesmos resultados. Nesse processo não se observa outra coisa senão determinadas leis naturais; mas a vida humana em si mesma surge como dom.

No contexto sociológico, em uma sociedade baseada na produção de bens de consumo e regida pela lei da oferta e da procura, tampouco encontramos a vida como um dom. A encíclica social de Bento XVI *Caritas in Veritate*, ao falar da vida econômica em um contexto globalizado de trocas comerciais, que por vezes aumentam as injustiças e desigualdades, aponta como desafio o desenvolvimento de "obras que tragam impresso o espírito do dom", bem como de "uma economia da gratuidade e da fraternidade" (BENTO XVI, nn. 37-38). Para além da economia de troca, do mérito e da eficácia, valores correntes na sociedade de consumo, urge descobrir a vida humana na sua magnitude máxima como um dom e torná-la saudável e salvífica.

Os santos e santas de Deus, de ontem e de hoje, foram pessoas que assumiram a vida até as últimas consequências, radicalizando o seguimento a Jesus. Lembramos, entre tantos, Francisco de Assis, Santa Teresinha do Menino Jesus, Santa Teresa D'Ávila, Madre Teresa de Calcutá, São João de Deus e São Camilo de Lellis. Apresentamos a seguir alguns aspectos importantes da espiritualidade de Camilo de Lellis.

A seguir realçamos uma escola de espiritualidade no mundo da saúde, apresentando a figura e o legado de Camilo de Lellis para a humanidade. Em uma época em que se fala tanto de humanização dos cuidados de saúde, o grito de Camilo de "colocar mais coração nas mãos" se mantém atual há 450 anos. O amor busca a ciência e a técnica para melhor servir! Como é dito nas constituições dos que seguem por ideal de vida Camilo de Lellis, os camilianos, "pela promoção da saúde, cura da doença e alívio do sofrimento, glorificamos a Deus no corpo humano, cooperamos na obra de Deus criador e manifestamos nossa fé na ressurreição" (*Constituição camiliana*, n. 45). Trata-se de uma espiritualidade do serviço e da solidariedade.

"Primeiramente cada um peça a graça ao Senhor que lhe dê um afeto materno para com seu próximo, para que possamos servi-lo com toda a caridade tanto da alma como do corpo, porque desejamos, com a graça de Deus, servir a todos os enfermos com aquele amor que uma mãe amorosa cuida de seu único filho enfermo [...]. Não seria boa aquela piedade que cortasse os braços da caridade."

SÃO CAMILO DE LELLIS

O rosto dinâmico
da espiritualidade camiliana

> "Mais coração nas mãos, irmãos!"
> São Camilo de Lellis

Para conhecermos o sentido e o que significa "espiritualidade camiliana", temos que conhecer algo de seu fundador, Camilo de Lellis (1550-1614), que criou uma ordem religiosa, conhecida como "camilianos", que atua hoje no mundo da saúde em trinta e seis países dos cinco continentes. No Brasil, os primeiros camilianos chegaram em 1922 e têm uma expressiva presença na área da saúde, quer na área da assistência, mantendo inúmeros hospitais e clínicas, quer na área educacional, formando profissionais da saúde (PROVÍNCIA CAMILIANA BRASILEIRA, 2002).

Camilo de Lellis

Camilo (1550-1614) era o segundo e último filho de uma mãe idosa e de um pai ausente. Sua mãe o concebeu já idosa (com mais de 60 anos segundo os relatos da tradição!), após a morte do seu primeiro filho, que faleceu antes dos vinte anos. O pai de Camilo era um militar, sempre em campanhas fora de casa. A mãe de Camilo morreu quando ele tinha 14 anos, e Camilo andou vagando de um campo militar para outro até a idade em que pôde se engajar como soldado. Ele lutou juntamente com seu pai, mas aprendeu os vícios dos campos militares, em particular a jogatina. Aos 20 anos de vida, perdeu seu pai. Logo após surgiu uma ferida na perna direita que lhe traria problemas para o resto da vida. O fato lhe proporcionou também a primeira experiência de hospital como paciente, no hospital São Tiago dos Incuráveis, em Roma. Ele foi descrito como um paciente difícil, sempre achando um jeito de sair para jogar. Foi o jogo que o levou a perder tudo o que tinha e lhe abriu as portas da conversão. Quando trabalhava para os capuchinhos, teve uma profunda experiência da misericórdia de Deus e se converteu. Por duas vezes tentou ser capuchinho, mas em ambas as tentativas a ferida de abria e o levava de volta para o Hospital São Tiago. A segunda e a terceira experiência como paciente, após a conversão, prepararam seu coração para o encontro com o mundo dos doentes e despertaram a compaixão por eles. Em ambas as circunstâncias, trabalhou como enfermeiro, e mais tarde, após a terceira hospitalização, tornar-se-ia o administrador. Foi a partir dessa experiência de ser paciente e provedor de cuidados, em uma instituição em que se contratavam mercenários para cuidar dos pobres doentes, que Camilo teve a inspiração de iniciar uma comunidade de homens para cuidar dos enfermos. Esse é o início da Ordem dos Camilianos.

Cinco conversões que transformam radicalmente São Camilo

A vida de São Camilo, o protetor dos doentes e dos cuidadores e profissionais da saúde, se apresenta como um itinerário humanamente simples e ao mesmo tempo dramático, rico e profundo e ao mesmo tempo surpreendente. Divide-se basicamente em duas partes, antes e depois de sua clássica conversão como adulto, descrita pelo seu biógrafo mais célebre, Pe. Cicatelli, ocorrida em 2 de fevereiro de 1575, festa da Candelária, Purificação de Maria, quando Camilo, chorando, diz: "Agora basta de mundo! Basta mundo", sentindo em seu interior uma inesperada paz e alegria nunca antes sentida.

O ex-superior geral da Ordem dos Camilianos, o brasileiro Pe. Calisto Vendrame (falecido em 2005), ao refletir sobre a vida de Camilo discorre sobre cinco conversões de Camilo, que se apresentam como momentos sacramentais de crescimento humano e espiritual daquele que foi chamado de "o gigante da caridade" (BRUSCO; ÁLVAREZ, 2003).

A primeira conversão: Camilo se converte a Deus, conhecido como Amor. É a primeira experiência verdadeira de Deus em sua vida inteira. Camilo é chamado por Deus a conhecê-lo verdadeiramente. Tomado pela luz e pelo amor de Deus Pai, Camilo lamenta: "Como foi grande minha cegueira! Por que não te conheci antes, Senhor?". Solicita tempo para viver na luz da verdade. Decide viver somente para Deus, consagrando-se a Ele como religioso. Recorda suas promessas passadas, feitas superficialmente e logo esquecidas, e as renova de forma séria e resoluta.

A segunda conversão: Ao conhecer o Deus Amor, Camilo descobre o ser humano, imagem viva de Deus vivo. Servindo ao ser humano sofredor a quem vê, serve a Deus que não vê. Sua missão não consiste tanto em cantar salmos, mas em servir ao Senhor presente nas pessoas enfermas. O enfermo é o próprio Senhor Jesus que, em sua situação concreta, lhe aponta o que deve fazer. O leito do enfermo se transforma em altar, no qual realiza a liturgia do serviço atento e amoroso.

A terceira conversão: Camilo aprende a respeitar o caminho e a liberdade dos outros. Isso é uma grande novidade, pois muitos convertidos se transformam em intolerantes com o que eles não concordam. Ele não conseguia entender por que os demais funcionários do hospital não serviam aos pobres enfermos com a devida solicitude e diligência. Foi aí que teve uma nova iluminação: em vez de obrigar os demais a fazer como ele, por que não reunir aqueles que são bons e abertos ao Espírito, que também existiam no hospital, porém trabalhavam dispersos e quase perdidos entre os outros? Assim o faz e forma o primeiro grupo de pessoas "de bem" que se animam mutuamente para seguir servindo aos enfermos não por dinheiro, mas por amor. Colocou mãos à obra e encontrou cinco: o capelão do hospital e mais quatro leigos. Nasceu assim a primeira comunidade camiliana, e o "solitário" Camilo se converteu no Camilo "solidário".

A quarta conversão: Camilo aprende a seguir o desígnio de Deus aceitando a cruz e vivendo em paz também em meio ao conflito, na inocência e sensibilidade de quem não se busca egoisticamente a si próprio, mas procura realizar o bem de todos. Camilo estava certo de que a comunidade encontraria o consenso e apoio de todas as pessoas de boa vontade, especialmente dos monsenhores e de outros dignitários que respondiam pelos hospitais. Ledo engano, pois, quando pensava que as coisas iam bem, começou a enfrentar uma forte oposição precisamente da parte da administração eclesiástica e inclusive com a desaprovação de seu diretor espiritual. Camilo sofreu muito e seu único refúgio foi o amado Jesus crucificado que alguns fiéis e executores de ordens haviam tirado da parede e colocado desprezadamente atrás da porta. Ele leva o crucifixo para seu quarto e somente Cristo com certeza soube o que se passou em seu coração naqueles momentos de profundo desânimo.

Em meio a essas dificuldades, Camilo teve outra experiência mística parecida com a primeira conversão. Ele sentiu que Cristo lhe abria a mente para entender três coisas: (1) que a obra era de Cristo, não de Camilo; (2) que deveria seguir adiante sem medo; e (3) que Ele estaria ao seu lado. A partir desse momento, Camilo passa a trabalhar com todas as energias para a obra do Crucificado. Era o próprio Cristo quem continuava a sofrer nos enfermos, em quem devia ser amado e servido com prioridade absoluta. Foi essa dedicação integral e incansável que comoveu as autoridades eclesiásticas e até o próprio Papa.

A quinta conversão: Camilo se converteu à necessidade dos estudos, ao sintonizar-se com as necessidades dos enfermos e ao constatar o bem que o instituto lhes fazia, guiado pela sabedoria e pela intuição da caridade. A princípio, Camilo não entendia por que tinha que perder tempo precioso com os estudos. Além disso, considerava-o um perigo, visto que, uma vez preparados, os estudantes acabariam por dar preferência a outras tarefas que não o cuidado dos doentes. Foi nesse contexto que Camilo teve uma nova iluminação. Escreveu para todas as comunidades dizendo que, por vontade de Deus, na Ordem, "não somente são convenientes, mas também necessários estudos de todo tipo, tanto de filosofia como de teologia [...]. Todas as ciências convêm e são necessárias para a nossa Ordem, uma vez que muitas vezes ocorrem casos de heresias e tentações de fé aos doentes e aos que estão na fase final de vida, que talvez sejam doutos e pessoas de letras, e, se os nossos não são doutos e de letras, não poderão ajudar segundo as necessidades deles".

Camilo foi se moldando e deixando guiar pelo Espírito de Deus. Sua fundação nasceu e se desenvolveu fora dos esquemas tradicionais da vida religiosa de então.

Alguns elementos da espiritualidade camiliana

Amor ao doente

Camilo dizia que o pobre e o doente são o coração de Deus, são a pupila dos olhos de Deus; neles servimos Jesus Cristo, Nosso Senhor. Na sua carta-testamento, Camilo exorta seus seguidores a continuarem fiéis na permanente disposição de optar pelos mais pobres e doentes, com todas as exigências que esse compromisso comporta.

Aos então cuidadores dos doentes, grande número de mercenários, sem preparação alguma, ficou célebre seu grito de "colocar mais coração nas mãos". O Bom Samaritano é a medida do cuidado. Para Camilo, não deveria existir lei que atrapalhasse o cuidado dos doentes. Ele lembrava que o sacerdote e o levita na parábola do Bom Samaritano mantiveram as mãos limpas de acordo com a *Torah*, mas seus corações ficaram manchados pela recusa em tocar o corpo ferido do homem que necessitava de cuidados. Por outro lado, mãos que estavam sujas por cuidar dos doentes e feridos eram sinal de pureza de coração. Camilo convidou seus seguidores a dar a vida pelos doentes, com a disposição de cuidar deles, mesmo com o risco da própria saúde e vida. Naquela época, muitos camilianos morriam no cuidado dos doentes, porque pouco se conhecia de prevenção e proteção contra as infecções.

Na visão de Calisto Vendrame, ex-geral dos camilianos, "o dom que mais se destacou em Camilo, que moldou e marcou profundamente sua espiritualidade, foi seu extremado amor para com os doentes e para com todos os sofredores. Esse amor tornou-se a verdadeira paixão da sua vida, absorveu todo o seu tempo, unificou toda a sua atividade. A partir do dia da sua conversão, quando chegou ao verdadeiro conhecimento de Deus-Amor, ele não viveu mais para si mesmo, não suportou mais ser prisioneiro do pequeno mundo de seus interesses pessoais: livre de tudo e de todos e também de si mesmo, entregou-se única e inteiramente a Cristo que ele via e servia nos doentes" (VENDRAME, 1986).

Cuidar com sensibilidade feminina

Camilo pedia aos seus seguidores que amassem o paciente como a mãe o faz com o seu único filho doente. O amor para com os doentes é um componente essencial dessa espiritualidade. Dizia Camilo: "Primeiramente cada um peça a graça ao Senhor que lhe dê um afeto materno para com seu próximo, para que possamos servi-lo com toda a caridade tanto da alma como do corpo, porque desejamos, com a graça de Deus, servir a todos os enfermos com aquele amor que uma mãe amorosa cuida de seu único filho enfermo".

Cuidado holístico e acolhida incondicional

Camilo seguia mais a hierarquia das necessidades humanas, do que a hierarquia das exigências da Igreja. A Igreja exigia por norma que os doentes, ao entrarem nos hospitais, deveriam primeiramente se confessar. Camilo lutou contra essa regra, dizendo que precisávamos, primeiramente, atender às suas necessidades de cuidados de saúde e depois, então, respeitando sua liberdade, levá-los ao sacramento da Reconciliação. Camilo desejava que os camilianos provessem cuidados globais aos doentes. Todos os camilianos partilhavam as mesmas tarefas: cuidar e acompanhar corporal e espiritualmente o doente.

A hospitalidade era uma virtude muito presente no coração de Camilo. Durante as epidemias, quando os hospitais estavam abarrotados, Camilo abria as igrejas e casas para os doentes sem-teto. Ele pessoalmente ia pelas esquinas das ruas mais pobres de Roma e sob as pontes, em busca dos doentes, a fim de levá-los a um lugar no qual pudessem receber cuidados.

Liturgia ao pé do leito

O evangelista João fala do sacramento de Jesus lavando os pés dos seus discípulos na Quinta-Feira Santa. Para Camilo, a maior liturgia acontecia ao pé do leito do doente. Tudo o que acontecia com o doente tinha uma dimensão sacramental. Poderíamos dizer que era a liturgia do banho de leito, liturgia da alimentação, liturgia de estar junto de alguém prestes a se despedir da vida. Tudo isso são atos de amor e que se transformam em ações sacramentais no ato de cuidar. Os trajes sagrados com que se vestia para atender os doentes eram: "Uma roupa pesada, ornada com dois famosos urinóis. Além disso, levava três pequenos frascos presos à cintura, um de água benta, outro de vinagre e um terceiro de água fervida para refrescar a boca dos doentes. E também um vaso de cobre onde pudessem cuspir sem incômodo. E mais duas panelas de ferro para preparar sopas para os mais fracos. Além disso, o crucifixo e o livro de orações para os moribundos". Certamente, com todo este aparato, a figura de Camilo pareceria um mascate exótico. Os ritos eram cortar cabelo, pentear, cortar as unhas, aquecer os pés, secar camisas ensopadas de suor, aplicar cautérios, umedecer os lábios, pôr vinagre sob as narinas, lavar e enxugar as mãos, dar comida na boca, entre tantos outros atos. Um de seus célebres ditos é que "não seria boa aquela piedade que cortasse os braços da caridade".

Escola de caridade

Na tradição católica, os candidatos à santidade são avaliados pela sua caridade, não por suas experiências místicas (exemplo recente de beatificação de Madre Teresa de Calcutá). Camilo via, sentia e sofria com a presença dos mercenários trabalhando nos hospitais sem cuidar bem dos doentes. Ele ensinou os seus seguidores a mostrar, pelo exemplo, a forma correta de cuidar. Assim, as instituições camilianas são vistas como "escolas de caridade", motivando os outros também ao cuidado amoroso para com os doentes. As entidades camilianas hoje procuram colocar em prática essa intuição original de Camilo. Assim, lemos na Carta de Princípios das Entidades Camilianas: "Quanto à valorização da vida e da saúde, os camilianos, seus profissionais e respectivas entidades respeitarão todas as suas dimensões — biológica, psíquica, social e espiritual. Empenhar-se-ão em promovê-las e cuidá-las, até o limite de suas possibilidades, segundo os valores éticos, cristãos e eclesiais, dentro de uma visão holística e ecumênica, repudiando tudo quanto possa agredir ou diminuir sua plena expressão".

Cuidar é uma obra de arte, que une ética e estética

Camilo tinha um apreço todo especial por música e frequentava igrejas para ouvi-la. Comparava o cuidado aos doentes com uma sinfonia: "Agrada-me a música dos doentes no hospital, quando muitos chamam ao mesmo tempo: 'Padre, traga-me água para refrescar a boca; arrume minha cama, esquente meus pés'. Essa deveria ser a música agradável também para os ministros dos enfermos". As vozes dos doentes, muitas vezes tumultuadas, desordenadas, estridentes, sobrepondo-se umas às outras, aos seus ouvidos, era uma "música" que soava como harmonia inefável. Também pedia aos seus seguidores que tivessem certo talento artístico ao aproximar-se suavemente das camas, sem barulho, caminhando em meio às galerias de leitos, sem arrastar os pés, com passo de dança. Por fim, ele se refere ao Hospital do Santo Espírito, localizado na entrada da cidade do Vaticano — no qual trabalhou durante trinta anos e que hoje é patrimônio da humanidade —, como sendo um belíssimo jardim cheio de flores perfumadas e frutas. Uma das mais brilhantes criações desse artista e gênio da caridade foi a introdução, no cuidado aos doentes, da ideia de beleza. Educava-se artisticamente para saber escutar, saber ver, aprender a distinguir os "perfumes". O serviço não é somente "algo bom", mas sobretudo "algo lindo". Assim, Camilo resgatou uma dimensão de caridade descuidada, sombria, mal-humorada, introduzindo nela fachos de luz, cores, emoções, acordes alegres e perfume.

Essas características nos dão uma visão de como Camilo, filho do século XVI, soube interpretar e realizar profeticamente os sonhos presentes no coração humano, fazendo *diferença* diante de tanta indiferença! Ele resgatou a essência da espiritualidade evangélica, profundamente terna e humana, em meio a uma instituição religiosa que, vivendo na glória da riqueza, dos ritos e dogmas, esquecia do ser humano pobre doente, às suas portas. Diante dessa escuridão, ele ousou criativamente acender uma luz. Acredito que essas verdades tão antigas e tão atuais da espiritualidade camiliana podem servir de inspiração para nossa ação profissional, que, ao unir competência científica com ternura humana, torna-se uma ação humanizada e humanizante no mundo da saúde.

Identidade profética e carismática do camiliano

O tema do 56º Capítulo Geral dos Camilianos (2007) foi: "Unidos para a justiça e a solidariedade no mundo da saúde". No documento final, são apresentadas a "identidade e [a] missão do camiliano: o olhar profético e carismático". É exatamente dessa seção do documento que fazemos um resumo a seguir.

O olhar camiliano, formado na escola do coração do Bom Samaritano, aprende a ver Cristo em toda a pessoa que sofre e procura viver, até o fim, os comportamentos e sentimentos de Jesus.

Homem do absoluto: seduzido por Deus, formado na intimidade com ele, aprende a encarar o mundo partindo de sua perspectiva, com os olhos dele; a pensar como ele, aderindo à sua vontade. O primado de Deus reconhecido e confessado na vida coincide com o do amor.

O Deus do profeta: Deus do *páthos*, ferido e tocado pelo que acontece no mundo. A "paixão" de Deus pelo ser humano torna-se categoria central para compreender Deus, na sua presença no mundo. O sofrimento, mesmo nas suas expressões mais chocantes, é o espaço vital no qual se forja o profeta, que se sente chamado por Deus. Camilo, amadurecido pela experiência de sofrimento (C8), dá vida à sua obra naquele espaço, em meio aos sofrimentos: uma autêntica *schola cordis*, escola do coração.

Apaixonado cristocentrismo: em Cristo se encarna e se faz visível o *páthos* de Deus. O camiliano, seduzido por Cristo misericordioso, não só procura fazer aquilo que ele fez (curar), mas também ser, sentir e viver como ele.

Perito em humanidade: o olhar, alimentado pelo coração, transforma a própria humanidade, que se torna inteiramente disponível ao serviço do próximo. O corpo, educado para a estética e a mística do amor, se torna meio para a ternura de Cristo, e o serviço, obra de arte que reproduz e respeita a beleza da imagem de Deus, impressa nas pessoas que sofrem. O camiliano, na esteira de São Camilo, desenvolve a sensibilidade de um terceiro ouvido e um sexto sentido; vê o que as outras pessoas não veem.

Busca sincera da verdade e autenticidade de vida: o camiliano busca a transparência, a unidade interior, a autenticidade que não compactua com a mediocridade. Essas são características indispensáveis para quem quer erguer a voz contra a insensibilidade social, a mediocridade de vida, os subterfúgios da justiça e da solidariedade. O testemunho dos camilianos manifesta-se nos gestos de amor.

Aguda sensibilidade diante do mal do mundo: revestido dessa sensibilidade, o camiliano percebe o que é urgente, necessário e prioritário, através das ondas curtas e longas da caridade. A sua falta mais grave seria a perda dessa sensibilidade. Luta contra o mal com as armas do bem e acolhe a impossibilidade da superação radical do mal neste mundo.

Do deserto da solidão fecunda e sonora: o camiliano é um homem que vem do deserto da provação e do silêncio eloquente que fala de Deus e dos homens no íntimo de seu coração. O centro da espiritualidade camiliano está justamente na síntese, sempre difícil, entre ação e contemplação, entre a visão de Cristo no doente e assunção da figura do Cristo no serviço. Tudo isso supõe uma vida interior alimentada na comunhão com Deus, sem a qual o camiliano nunca será um perito em humanidade.

Uma alternativa que atrai: o verdadeiro profeta tem a consciência de propor uma hierarquia diferente de valores. Centrado no "único necessário" e convencido da importância do essencial, está no coração da realidade. É capaz de penetrá-la e de perceber a verdade, a mentira, o que é profundo e o que é superficial. Mais que prognosticar ou antecipar o futuro, interpreta com lucidez o presente. Consciente de que deve ser diferente, o camiliano procura viver a diversidade de tal forma que não desfigure sua identidade.

Uma tensão salutar: já que o Espírito sopra onde quer e como quer, a experiência profética é, e sempre será, animada por uma sã e muitas vezes incômoda tensão. O camiliano não navega em águas tranquilas. É a tensão entre "diferença" (o próprio carisma, as intuições/convicções pessoais) e a comunhão (adesão à Igreja, a busca partilhada da vontade de Deus); entre a urgência da verdade e o primado da caridade; entre o fascínio do bem e a "sobriedade" e a paciência na realização do Reino, entre ação e contemplação; entre os projetos humanos e a proposta de humanização inspirada em Cristo; entre a força dos tijolos e das estruturas e a humildade paciente do fermento e do sal...

Humilde entusiasta: o carisma da profecia é inimigo do cálculo e do pessimismo, das interpretações catastróficas e apocalípticas da história. Mergulhado em Deus, rejeita a morte das utopias e dos ideais, aposta na aventura infinita do Reino, no inaudito de Deus e no imprevisível da história. Mantém vivo o entusiasmo de servir até o fim.

Enviado: a consciência de ter sido escolhido para ser enviado torna-se a experiência espiritual mais determinante do profeta, pois o faz interlocutor de Deus, mesmo quando não sabe falar ou se considera limitado, diretamente ligado à sua vontade e ao seu desígnio, desligado de si mesmo.

Na comunidade e na fraternidade: o camiliano recebe o dom da profecia e o vive em toda a sua vida — não apenas no ministério. Ao receber sua vocação e missão, faz parte da comunidade radicada e unida no mistério de Cristo misericordioso e acolhe o dom da comunhão, cujo fundamento e fim é sempre o Espírito. Os profetas, por mais originais e diferentes que possam parecer ou ser, serão sempre homens de comunhão, pois se deixam guiar pelo Espírito.

Viemos de uma tradição que identificou profetismo com denúncia/contestação. É uma visão demasiado redutiva. O profeta, além de denunciar, anuncia; a interpretação crítica, crente e profética da realidade não tem por finalidade a contestação, mas muito mais a proposta, a exortação, a conversão e a busca de alternativas.

Servir à saúde e aos doentes é nossa razão de ser, nossa principal obrigação, o dom que somos chamados a acolher, viver e praticar com todas as forças, o nosso modo especial e radical de seguimento. Por isso, o nosso campo do exercício da profecia é o mundo da saúde, isto é, o nosso ministério (MINISTROS DOS ENFERMOS — CAMILIANOS, 2007).

A seguir, apresentamos a *Carta de Princípios das Organizações Camilianas Brasileiras* (2002), que apontam para os valores maiores que iluminam a presença e a atuação dos camilianos no mundo da saúde, no âmbito social, hospitalar e educacional. Trata-se de uma profissão de fé a ser abraçada por todos quantos trabalham como profissionais no mundo camiliano. Vejamos a seguir o documento.

Carta de princípios das organizações camilianas

1. A Província Camiliana Brasileira da Ordem dos Ministros dos Enfermos — Padres e Irmãos Camilianos — declara publicamente seu compromisso de fidelidade aos ideais do fundador, *São Camilo de Lellis*, atualizando seu carisma e espiritualidade para servir, com amor evangélico e competência profissional, às novas gerações em suas múltiplas necessidades, dando atenção preferencial aos mais carentes e excluídos da sociedade.

2. A missão profética que herdamos do nosso fundador, e que somos chamados a levar adiante, consiste em

testemunhar no mundo o amor sempre presente de Cristo para com os doentes, no respeito e na defesa incondicional dos valores humanos, cristãos e católicos. Em conformidade com esta missão, os Camilianos dão ênfase especial à valorização da vida e da saúde, da pessoa humana, de seus profissionais, e à competente e fiel administração de suas obras.

3. Quanto aos camilianos, seus profissionais e respectivas entidades, respeitarão a *valorização da vida e da saúde* em todas as suas dimensões — biológica, psíquica, social e espiritual. Empenhar-se-ão em promovê-las e cuidá-las, até o limite de suas possibilidades, segundo os valores éticos, cristãos e eclesiais, dentro de uma visão holística e ecumênica, repudiando tudo quanto possa agredir ou diminuir sua plena expressão.

4. Quanto à *valorização da pessoa*, as entidades camilianas caracterizar-se-ão pelo reconhecimento e defesa da dignidade fundamental de todos os seres humanos, criados à imagem e semelhança de Deus. Os que atuam em instituições camilianas deverão primar pela atenção, pelo respeito, pelo cuidado personalizado e pelo amor efetivo para com todos os que utilizarem seus serviços, sem discriminação.

5. Quanto à *valorização de seus profissionais*, as entidades camilianas reconhecerão neles seu principal e verdadeiro patrimônio, conscientes de que é por seu intermédio e graças à sua dedicação que serão preservados os valores ora professados em favor da vida e saúde da pessoa humana. Cientes do seu valor, as entidades camilianas desenvolverão e aplicarão uma política de recursos humanos que possibilite, de forma integrada, o desenvolvimento, a capacitação profissional e a formação espiritual de seus profissionais, propiciando um clima de união, fraternidade e corresponsabilidade entre

todos os integrantes de suas instituições assistenciais, educacionais, sociais e religiosas. A eles seja oferecida e incentivada também a oportunidade de envolvimento na saúde comunitária e no engajamento voluntário.

6. Quanto à *administração*, as entidades camilianas empenhar-se-ão na busca incessante de conhecimentos humanos, éticos, científicos, tecnológicos e pastorais capazes de garantir a utilização racional dos recursos disponíveis em benefício da humanização e da qualidade dos serviços na comunidade, segundo o ideal de São Camilo. Além da excelência administrativa, as entidades camilianas terão sempre presente o compromisso fundamental de respeito e preservação dos valores que professamos, colocando-se efetivamente a serviço da vida e da saúde das pessoas, sobretudo as mais carentes e excluídas, e valorizando seus profissionais. Dessa forma, a administração não terá um fim em si mesma, mas será um excelente instrumento para a viabilização da visão cristã de valores no mundo da saúde, bem como para o exercício eficiente do carisma camiliano, tornando-nos agentes de transformação.

7. As entidades camilianas estudarão e estabelecerão estratégias adequadas que possibilitem a avaliação de seus recursos e energias, para desenvolvê-los sempre mais, respeitadas suas respectivas áreas de atuação social, assistencial e educacional. Elas *buscarão a integração, sinergia de esforços e recursos, mútua ajuda e colaboração, parcerias em áreas afins*, fortalecendo-se na unidade e na missão, em vista da promoção e construção de uma sociedade mais saudável, justa e solidária.

"Nossos valores não mais se enraízam em dogmas e
crenças. Eles se enraízam na experiência, notadamente
na experiência de solidariedade,
na presença de atenção ao outro, na descoberta
do enriquecimento recíproco de todo encontro.
Eis aqui o sentido de nossa existência
e de nossos atos."

JEAN-YVES LELOUP E MARIE HENNZEL

Transcendendo o cotidiano:
em busca da esperança de viver
para um novo tempo

> "Saudade é o amor que fica."
> CRIANÇA COM CÂNCER EM FASE TERMINAL

"Brincar de Deus"?

Uma afirmação que se vem popularizando via mídia e pelos críticos do progresso biotecnológico, especialmente no âmbito da genética, é que os cientistas não deveriam "brincar de Deus". Essa expressão em português é a tradução literal da expressão em inglês *playing God*. No inglês, o verbo *to play* tem vários significados: "brincar", "tocar", "desempenhar um papel", "atuar como", "agir como". Assim, *playing God* pode ter o sentido de "brincar de Deus", mas também de "agir como Deus", "desempenhar o papel de Deus" e até mesmo "se comportar como se fosse Deus".

No âmbito da crítica ética, ao se afirmar que os cientistas estão "brincando de Deus", o que se quer afirmar é que eles estão intervindo em contextos e realidades que deveriam estar sob a guarda e domínio exclusivo de Deus. Eles não deveriam avançar o sinal! Nesse sentido, a expressão soa como sendo uma denúncia. Esta expressão também pode ser interpretada como espanto diante dos novos poderes humanos adquiridos via pesquisa e conhecimento científico, e também como preocupação com as consequências imprevistas. Especialmente na área da genética, os engenheiros estão "brincando de Deus", quando trabalham com os tijolos construtores da vida e com métodos que, imitando a natureza, podem transmitir material de um organismo para outro e até mesmo de uma espécie para outra. O que a natureza demorou centenas de milhares de anos para evoluir o laboratório pode conseguir em dias ou até mesmo em horas.

A teologia cristã nos apresenta três imagens de Deus: como criador, como *healer* ("aquele que cura") e como solidário com os pobres e doentes, esta última nem sempre lembrada.

A primeira visão considera Deus como criador. O ser humano, ao ser criado à "sua imagem e semelhança", passa também a ter a missão de criar. O ser humano nasce, portanto, cocriador e, como tal, tem poder de interferir na natureza, direcionar o processo do desenvolvimento e da própria evolução. Fazer isso com humildade e não de forma arrogante (substituindo Deus, ou fazendo-se Deus) é um longo aprendizado. Ser cocriador não é criar de qualquer maneira, mas é criar na perspectiva de Deus. Aqui age a liberdade humana criadora sintonizada com a fonte da criatividade divina. Os "desígnios de Deus" não são mistérios antagônicos da realização do ser humano. Deus colocou a natureza nas mãos de Deus, para aperfeiçoá-la. A criação segue suas leis, e Deus não intervém para mudá-las, mas age através de nós. Que grande responsabilidade a nossa! Estamos "brincando de Deus", quando assumimos uma atitude arrogante de querermos ser como Deus, negando-o, porque é muito penoso assumir nossa humanidade. Como disse o teólogo norte-americano Paul Ramsey, "não deveríamos brincar de Deus antes de aprender o que significa sermos humanos; e, quando aprendermos o que significa sermos humanos, não desejaremos brincar de Deus".

A segunda imagem, Deus como quem cura (*healer*), é muito rica no diálogo entre criador e criatura. Criado à imagem e semelhança de Deus, o ser humano, diante de toda a criação, deve igualmente aliviar o sofrimento humano em suas várias facetas (física, psíquica, social e espiritual), debelar as doenças que infernizam a humanidade e manifestar solidariedade para com os caídos por terra, os pobres e doentes. O ser humano continua hoje aperfeiçoando a obra da criação. Sendo assim, a criação não é vista como um evento passado, mas é também presente e futuro, pois continua hoje e amanhã, através da ação do ser humano, o ser criado como cocriador. Essa perspectiva alimenta uma atitude e uma visão positivas diante de todo o progresso biotecnológico. O ser humano não é o usurpador dos direitos de Deus, como no mito grego de Prometeu, que roubou o fogo dos deuses e pagou caro por isso. A ciência, com consciência e ética, não é inimiga do ser humano, mas expressão concreta da inventividade da inteligência que Deus deu aos homens para descobrir os mistérios da vida e natureza, cuidando da criação, curando e aliviando a dor e o sofrimento de cada ser vivo e ajudando-os no caminho até a plenitude.

A terceira imagem de Deus é a que assume o lado dos mais vulneráveis e pobres da sociedade. Nela, Deus é solidário com eles. Estes facilmente podem ser transformados em "cobaias" e "objetos de pesquisa", se não existirem vigilância e controle social e ético.

Escolhemos, entre tantas, duas histórias de vida que nos comovem pela presença de uma espiritualidade em meio à fragilidade, vulnerabilidade e finitude que são marcas indeléveis de nossa condição humana. Trata-se da história de um famoso intelectual canadense especialista na área do direito e da ética e a de uma criança em fase terminal de câncer dialogando com seu médico emocionado. Nossas reflexões vão tocar no momento final de vida: o que seria importante levar as pessoas a reconhecerem, sentirem e, se possível, expressarem (Elizabeth Kübler-Ross)? Trata-se do desafio de, no *cronos* (tempo histórico), criar, cultivar e fazer acontecer momentos de *kairós* (tempo de graça, de plenitude), ou seja, a "presença da graça" que tudo plenifica e dá sentido no cotidiano.

Negar Deus? Sim..., e na hora H? relato de uma experiência de vida

Uma das maiores riquezas para conhecermos pessoas e aprendermos delas é conhecer sua história de vida. As histórias nos encantam, seduzem, atraem, nos fazem refletir e nos surpreendem. Vamos fazer um exercício de ética narrativa, ao contar a história de Barney Sneiderman, relatada por um amigo, psiquiatra norte-americano, que trabalha no Memorial Hospital de Nova York, William Breitbart. Quem era Barney Sneiderman? Era professor de Direito da Universidade de Manitoba, Canadá. Muito conhecido por sua experiência e conhecimento em questões de saúde, lei, bioética e ética médica, era um conferencista consagrado e atraía multidões. Escreveu bastante na área do direito, saúde e ética. Uma de suas obras famosas, com várias edições, é o livro *A lei médica canadense: introdução para médicos, enfermeiras e outros profissionais da saúde*. Barney, sofrendo de um câncer de pâncreas, decidiu permanecer em sua casa até quando foi possível. Escolheu a hora de se internar em uma unidade de cuidados paliativos e no dia seguinte partiu.

Barney sempre defendeu o suicídio assistido para pacientes sofredores de doenças crônico-degenerativas na fase final de vida. No último encontro entre os dois amigos, Breitbart lhe perguntou se existia alguma coisa que ele havia descoberto na fase final de sua vida e que gostaria de compartilhar. Barney lhe falou da fadiga como grande surpresa e disse que "é pior do que o câncer". Disse que não tinha medo da morte, somente do processo de chegar até lá. Lembrou as palavras do filósofo grego Epicuro: "Onde estou, a morte não está, e onde a morte está, não estou". Falou também que estava ainda tentando entender o significado da expressão "morte com dignidade". Lembrou-se, emocionado, dos cuidados afetivos da família e amigos nos últimos meses e disse: "Todos querem ter a certeza de que não morrerei sozinho". Barney se autodefinia como "existencialista". Esperava que sua família estivesse ao seu lado. A ideia de morrer lhe parecia correta e apropriada. Ele estava convicto de que deveria existir uma maneira legal para que a morte de pacientes com doenças em fase terminal pudesse ser antecipada por meios médicos. Mas também defendia que, com bons cuidados paliativos, isto seria cada vez mais raro.

À pergunta: "E quanto a você, Barney, é isso o que você deseja para si?". "Não", ele respondeu. "Acho que suicídio assistido não seria bom para meus filhos, e até que tenha a certeza de que me sinto confortável, estarei bem".

Como a conversa chegava ao final, sentimos que era a hora de dizer "adeus", nosso último "adeus". "Barney, gostaria lhe pedir um favor. Eu poderia escrever sobre você e partilhar estas experiências que vivemos como amigos e médicos paliativistas?" "Eu me sentiria honrado", respondeu ele, acrescentando: "William, foi ótimo ter conhecido você". "Foi um grande privilégio conhecer você, Barney", lhe respondi. Em suas palavras finais, Barney me surpreendeu ao afirmar: "Isto é uma coisa estranha para um ateu existencialista dizer, mas que Deus nos abençoe".

Assim partiu Barney, aos 68 anos, com sua mulher e filhos à sua volta, querido por amigos e estudantes, confortavelmente e em paz. A militância e defesa do suicídio assistido para os outros não valeu para si e nem desejou para seus entes queridos, bem como o ateísmo prático como cientista e pesquisador, na hora H, se transforma em uma confissão de fé.

Uma criança dando lições de gente grande sobre vida e espiritualidade

No segundo relato, aprendemos, de uma criança em fase terminal, valores que nos apontam a essência da vida, no aquém e no além, valores cultivados a partir de uma espiritualidade transmitida no colo materno.

Partilho com você, caro leitor, um testemunho escrito que chegou às minhas mãos graças ao médico oncologista Dr. Rogério Brandão, que relata sua experiência de vida ao cuidar de uma criança com câncer. Sem dúvida, um relato tocante pela sensibilidade, sabedoria e ternura humana. "Saudade é o amor que fica", diz a criança. Esta é, sem dúvida alguma, a mais bela definição de saudade que já conheci em minha vida. Eis o relato:

> Como médico cancerologista, já calejado com longos vinte e nove anos de atuação profissional [...], posso afirmar que cresci e modifiquei-me com os dramas vivenciados pelos meus pacientes. Não conhecemos nossa verdadeira dimensão até que, pegos pela adversidade, descobrimos que somos capazes de ir muito mais além. Recordo-me com emoção do Hospital do Câncer de Pernambuco, onde dei meus primeiros passos como profissional.

Comecei a frequentar a enfermaria infantil e apaixonei-me pela oncopediatria. Vivenciei os dramas dos meus pacientes, crianças vítimas inocentes do câncer. Com o nascimento da minha primeira filha, comecei a me acovardar ao ver o sofrimento das crianças. Até o dia em que um anjo passou por mim.

Meu anjo veio na forma de uma criança já com 11 anos, calejada por dois longos anos de tratamentos diversos, manipulações, injeções e todos os desconfortos trazidos pelos programas químicos e radioterapias. Mas nunca vi o pequeno anjo fraquejar. Vi-a chorar muitas vezes; também vi medo em seus olhinhos; porém isso é humano!

Um dia, cheguei ao hospital cedinho e encontrei meu anjo sozinho no quarto. Perguntei pela mãe. A resposta que recebi, ainda hoje não consigo contar sem vivenciar profunda emoção, foi: "Tio, às vezes minha mãe sai do quarto para chorar escondido nos corredores. Quando eu morrer, acho que ela vai ficar com muita saudade. Mas eu não tenho medo de morrer, tio. Eu não nasci para esta vida!". Indaguei: "E o que a morte representa para você, minha querida?". "Olha, tio, quando a gente é pequena, às vezes vamos dormir na cama do nosso pai e, no outro dia, acordamos em nossa própria cama, não é? [Lembrei das minhas filhas, na época crianças de 2 e 6 anos; com elas, eu procedia exatamente assim.] É isso mesmo. Um dia eu vou dormir e o meu Pai vem me buscar. Vou acordar na casa dele, na minha vida verdadeira!" Fiquei sem saber o que dizer. Chocado com a maturidade que o sofrimento acelerou e com a visão e a espiritualidade daquela criança. "E minha mãe vai ficar com saudades", emendou ela. Emocionado, contendo uma lágrima e um soluço, perguntei: "E o que saudade significa para você, minha querida?" "Saudade é o amor que fica!", respondeu ela. Hoje, aos 53 anos de idade, desafio qualquer um a dar uma definição melhor, mais direta e simples para a palavra "saudade": *é o amor que fica!*

Meu anjinho já se foi, há longos anos. Mas deixou-me uma grande lição que ajudou a melhorar a minha vida, a tentar ser mais humano e carinhoso com meus doentes, a repensar meus valores. Quando a noite chega, se o céu está limpo e vejo uma estrela, chamo pelo "meu anjo", que brilha e resplandece no céu. Imagino ser ela uma fulgurante estrela em sua nova e eterna casa. Obrigado, anjinho, pela vida bonita que teve, pelas lições que você me ensinou, pela ajuda que me deu. Que bom que existe saudade! O amor que ficou é eterno.

Ao dizer adeus à vida...

A vida humana, desde seu instante inicial até o momento final, reveste-se de mistério, beleza, razão, emoção, perdas, alegrias, conquistas, derrotas, despedidas, encontros e transcendência. Um dos momentos mais difíceis é justamente dizer adeus a alguém querido, quando está se despedindo da vida. A dor da perda, o luto, quando não bem trabalhados ou vividos, tornam-se um trauma para o resto da vida, impedindo que a pessoa continue a viver com alegria.

A morte de um ente querido, por vezes, é a principal ruptura que acontece na vida e requer um ajustamento, tanto no modo de olhar o mundo como nos planos para viver nele. A reação a essa perda, física, emocional, social e espiritualmente, varia de pessoa para pessoa e depende das circunstâncias que marcam a partida: tipo de relacionamento que existe, proximidade, força que a pessoa tem e qualidade dos mecanismos de defesa.

Elizabeth Kübler-Ross (1926-2004), famosa tanatóloga (estudiosa da morte e do morrer) norte-americana, uma das pioneiras no século XX na arte de cuidar de quem está prestes a se despedir da vida, nos diz que nesse momento único e irrepetível com o qual todos terão de se defrontar, gostando ou não, temos como desafio "encontrar tempo" para expressarmos basicamente "quatro sentimentos profundos", que são, em verdade, a essência de nossa existência humana.

Esses quatro sentimentos são traduzidos em quatro simples expressões:

1. *Obrigado*. Expressar gratidão e agradecer pela vida, pelas pessoas, pelas conquistas, enfim, por tudo. No desencantamento não se agradece; geralmente reclamamos, ironizamos e nos revoltamos. Urge reencontrarmos a vida e todos os seus desafios em uma atitude de gratidão!

2. *Desculpe*. Ninguém é perfeito. Somos frágeis e vulneráveis, caímos, erramos com frequência, ferimos e também somos feridos na convivência humana. O drama é quando essa experiência se transforma em culpa mortal que não dá lugar ao perdão que liberta. Há toda uma jornada a ser feita, que começa com o estranhamentos, agressões, aproximação, comunicação, ajuda, proximidade e respeito.

3. *Eu te amo*. Expressão profunda de afinidade, afetividade e ternura humana. É o que faz com que os nossos olhos brilhem e vejamos as cores da vida, mesmo quando vivemos dias cinzentos. Sem amor, dificilmente se encontra uma razão para viver, bem como para partir.

4. *Adeus*. Nesse sentido, o aparente absurdo do fim pode se tornar uma conclusão feliz de uma jornada de vida e um novo início.

É preciso encontrar tempo para aceitar a morte, para deixar partir, para tomar decisões, para compartilhar a dor, para acreditar de novo, para perdoar, para se sentir novamente bem consigo mesmo, para criar novos amigos, para rir e para amar, descobrindo que amar é também dar permissão para as pessoas queridas partirem.

Kübler-Ross diz que as questões inacabadas são o maior desafio da vida das pessoas, e é também com elas que lidamos quando enfrentamos a morte. Essas questões dizem respeito à vida e às nossas indagações mais essenciais: será que investi meu tempo para viver o mais plenamente possível? Há muitas lições a serem aprendidas na vida quando nos colocamos como aprendizes. Finaliza Kübler-Ross, dizendo que, "quanto mais assuntos concluímos, mais plenamente viveremos. Então, quando chegar a nossa hora, poderemos exclamar, felizes: 'Meus Deus, eu vivi!'".

Espiritualidade e tempo: viver o *cronos* ou o *kairós*?

Ouvimos, à exaustão, no cotidiano de nossas vidas expressões como: "não tenho tempo", "não dá tempo", "perdi tempo", "o tempo não passa", "perdi o tempo da minha vida", "ah, no meu tempo" e tantas outras.

Existem fundamentalmente duas formas de vivermos o tempo na vida: como *cronos* ou *kairós*. Ao tentar refletir sobre essa realidade, corro o risco de ser tachado de "romântico ou idealista incorrigível" em um contexto em que as forças do mercado globalizado repetem de forma insistente e dogmática, às vezes de forma subliminar, que "tempo é dinheiro" (*Time is money*). Consequentemente, estamos sempre sem tempo, estressados e correndo sem saber aonde chegar! Mas vamos em frente! *Cronos* é o *"tempo das batidas do relógio"*, a marca implacável da finitude e temporalidade humana no processo de envelhecimento de nosso corpo. Trata-se do tempo de quem está tenso no hospital esperando por ter alta ou com angústia esperando por um resultado positivo de um determinado diagnóstico, ou o tempo urgente para salvar a vida de alguém em uma parada cardiorrespiratória na emergência, entre tantas outras situações. Nessa dimensão de tempo, lutamos contra, sentimo-nos facilmente vítimas dele, pois em geral chegamos sempre atrasados e o tratamos como se fosse um inimigo.

Facilmente esquecemos que a temporalidade é constitutiva da existência humana. Se o acumular anos fosse somente uma série de momentos isolados, então poderíamos escolher aqueles que nos seriam mais significativos. Precisamos questionar a ideologia dos que elegem somente uma parte de suas vidas como significativa. Por exemplo, hoje se afirma que todo o sentido da vida se encontra na busca da eterna juventude.

Claro que somos filhos do tempo, vivemos no *cronos*, mas não somos simplesmente vítimas do processo de envelhecimento. Podemos fazer diferença cultivando uma atitude positiva que depende exclusivamente de nós. É preciso fazer acontecer a dimensão do *kairós*.

O tempo como *kairós* é o vivido como experiência da graça maior que plenifica a vida e lhe dá sentido. É o tempo que abraça a vida "como um caso de amor", de uma experiência profunda de paz, de reencontro e de reconciliação, consigo mesmo, com os outros e com o grande outro, Deus. É o tempo medido "com as batidas do coração". Aqui, mais do que lamúrias por não ter vivido, ou por falta de tempo, vamos encontrar pessoas com histórias fantásticas de sentido de tempo. A dimensão do *cronos* é significada e plenificada pelo *kairós*. "Nossa, já se passaram três horas e nem percebi....". É o tempo do amor, do encontro que plenifica o viver. É a vivência da sabedoria de perder tempo com o que é essencial na vida. Como no livro *Pequeno Príncipe*, quando a raposa diz ao Príncipe: "Foi o tempo que perdeste com tua rosa que fez tua rosa tão importante". Nesta dinâmica, bastam por vezes apenas cinco minutos de um encontro sincero com alguém, para que oitenta anos ou mais de *cronos* adquiram significado, luz e sentido. Se vivêssemos somente no *cronos*, o processo do envelhecimento seria um caminho pesaroso para dependência e vulnerabilidade crescente que fatalmente acaba no "não ser". Sob a ótica do *kairós*, lembro um lindo pensamento de Dom Aloisio Lorsheider, que pouco tempo antes de sua morte, já com mais de 80 anos, em uma palestra para seus confrades idosos, sem negar as aspectos duros e reais do processo de envelhecimento, afirmava: "A velhice é o domingo da vida". Deveríamos cultivar uma sabedoria de como desfrutá-la.

Estamos, portanto, diante de uma realidade em que temos que optar: viver sob o signo do *cronos* ou sob o do *kairós*. Se alguém ou algo é realmente importante, então consequentemente o tempo tem que ser a prioridade. O tempo do encontro torna-se terapêutico quando optamos por vivenciá-lo na dimensão do *kairós*. Então, sim, estaremos fazendo diferença, humanizando e sendo humanizados e acrescentando mais vida aos anos do que anos à vida.

"As religiões destinam-se a nutrir o espírito humano. Podemos aprender a celebrar essa diversidade em religiões e desenvolver uma profunda apreciação da variedade das religiões. Certas pessoas podem considerar que o Judaísmo, a tradição cristã ou a tradição islâmica é a mais eficaz para elas. Por isso, devemos respeitar e apreciar o valor de todas as diferentes tradições religiosas importantes do mundo. Todas foram projetadas para tornar o indivíduo mais feliz, e o mundo, um lugar melhor."

DALAI-LAMA

Em busca da sabedoria de uma visão prospectiva

> "Nossos valores se enraízam na experiência, notadamente na experiência de solidariedade, na presença de atenção ao outro, na descoberta do enriquecimento recíproco de todo encontro."
> Jean-Yves Leloup e Marie Hennezel

Olhando para a trajetória percorrida, partimos de uma análise do fenômeno religioso na contemporaneidade. Encontramo-nos diante de um verdadeiro "supermercado da fé" em que as pessoas montam seu *kit* com ingredientes espirituais de acordo com suas conveniências e necessidades pessoais para enfrentar situações difíceis no cotidiano (estresse, crises, doenças, sofrimentos etc.). Cada um constrói o seu deus, a seu gosto, e plasma suas convicções em uma religiosidade *light*. Como diz o teólogo jesuíta brasileiro João Batista Libanio (2001), "vivemos um tempo de muitas crenças e pouca libertação", em que o reencanto com o divino, com o transcendente (dimensão vertical), convive escandalosamente com o desencanto com o outro ser humano, com a exclusão, a indiferença e a violência (dimensão horizontal). Fala-se de uma sociedade pós-cristã. Surge uma espiritualidade arreligiosa como fascínio, sem ligação com nenhuma crença religiosa. Isso significa, segundo Leloup e Hennezel (citado em LEPARGNEUR, 1998), que "nossos valores não mais se enraízam em dogmas e crenças. Eles se enraízam na experiência, notadamente na experiência de solidariedade, na presença de atenção ao outro, na descoberta do enriquecimento recíproco de todo encontro. Eis aqui o sentido de nossas existências e de nossos atos".

Detivemo-nos por um momento nessa trajetória reflexiva, para considerar a importância da religião e a necessidade de distinguir religião, práticas religiosas institucionalizadas e espiritualidade. A fé cristã mantém uma tensão originária com o religioso estabelecido institucionalmente. A espiritualidade é a grande gestora da esperança humana em relação ao futuro, sobretudo em um contexto no qual grassam a indiferença e o descaso em relação à vida. Este mesmo contexto, porém, nos permite descobrir que em toda busca de saúde existe uma procura nostálgica de salvação e nos faz ver que em toda peregrinação, romaria do povo ao santuário, evidencia-se, para além da busca legítima de saúde, essa sede do transcendente. No momento seguinte de nossa caminhada, bebemos da fonte originária da espiritualidade cristã, realçando aspectos importantes da ação de Jesus, que libertou as pessoas das amarras da religião de seu tempo, abrindo-as para Deus. Jesus foi morto pelas pessoas mais religiosas de então, em certo sentido pagou com a vida pelo seu ateísmo em relação aos valores religiosos institucionalizados de sua época. Foi no fundo acusado de ser demais humano!

Sobram desafios, na verdade, mas é necessário sublinhar um em particular: o pluralismo religioso reinante hoje na nossa sociedade. Em face dessa realidade, a vivência ecumênica e o encontro inter-religioso devem ser marcados pelo diálogo, respeito e tolerância. Essas são as armas que nos protegem de fundamentalismos intolerantes que, enquanto orgulhosamente se gabam de defender "Deus", massacram o ser humano, alimentados por uma "espiritualidade *diet* e *light*". Como diz o Dalai-Lama, "as religiões destinam-se a nutrir o espírito humano. Podemos aprender a celebrar essa diversidade em religiões e desenvolver uma profunda apreciação da variedade delas. Certas pessoas podem considerar que o Judaísmo, a tradição cristã ou a tradição islâmica é a mais eficaz para elas. Por isso, devemos respeitar e apreciar o valor de todas as diferentes tradições religiosas importantes do mundo. Todas foram projetadas para tornar o indivíduo mais feliz e o mundo, um lugar melhor" (DALAI-LAMA, 2002).

Não deixa de ser surpreendente convivermos hoje com o ressurgimento da religião em todos os âmbitos da vida humana, após o auge do fenômeno da secularização que marcou profundamente o último quarto do século XX, em especial nas décadas de 1960 e 1970. Muito se falou e escreveu a respeito do desaparecimento da religião, que "Deus morreu" e que "as Igrejas se transformariam em túmulos e mausoléus de Deus", como é dito em um famoso texto de Nietzsche. É preciso lembrar que Nietzsche é autor de uma das críticas mais radicais ao Cristianismo ocidental institucionalizado, mas, como diz Leonardo Boff, o fez a partir de sua experiência radical do Deus vivo. Quando ele anuncia a morte de Deus, ele fala do Deus que tem que morrer mesmo, porque é o Deus das nossas cabeças, o Deus inventado, o Deus da metafísica, o Deus que não é vivo.

Diante dessa caminhada reflexiva, sentimos no ar um profundo clima de busca nas mais diferentes propostas de espiritualidade. Essa busca angustiante é gerada pelas incertezas que a razão instrumental científica não "dá conta" de explicar. Mesmo quando tenta racionalmente explanar, não consegue plenificar e satisfazer o ser humano nas suas necessidades profundas de coração e alma. Isso por vezes nos faz negar o transcendente, ou nos faz descer do pedestal de nossas certezas e autossuficiências e nos transforma em aprendizes do mistério maior da vida aberta ao transcendente. Da negação à afirmação do transcendente, eis o itinerário de muitos que buscam Deus. Nada melhor do que termos um contato, ainda que breve, com a trajetória de Friedrich Nietzsche, da negação à oração ao Deus desconhecido.

Iniciemos com uma crítica acerba ao Cristianismo: "A noção de Deus foi inventada como antítese da vida — nela se resume, numa unidade aterradora, tudo o que é nocivo, venenoso, caluniador, todo o ódio da vida. A noção de 'além', de um 'mundo verdadeiro', só foi inventada para depreciar o único mundo que há, a fim de não mais conservar para nossa realidade terrestre nenhum objetivo, nenhuma razão, nenhuma tarefa! A noção de 'alma', de 'espírito' e, no fim das contas, mesmo de 'alma imortal', foi inventada para desprezar o corpo, para torná-lo doente — 'sagrado' —, para conferir a todas as coisas que merecem seriedade na vida — as questões de alimentação, de moradia, de regime intelectual, os cuidados aos doentes, a limpeza, o clima — a mais aterradora indiferença! Em vez da saúde, 'a salvação da alma', isto é, uma loucura circular que vai das convulsões da penitência à histeria da redenção! A noção de 'pecado' foi inventada ao mesmo tempo que o instrumento de tortura que a completa; a noção de 'livre-arbítrio', para confundir os instintos, para fazer da desconfiança com relação aos instintos uma segunda natureza" (NIETZSCHE, 2007, § 8).

Parece ser até inacreditável que é o mesmo Nietzsche quem se coloca em oração buscando a Deus na famosa "Oração ao Deus Desconhecido":

A oração ao Deus Desconhecido

Antes de prosseguir em meu caminho e lançar o meu olhar para frente uma vez mais, elevo, só, minhas mãos a Ti na direção de quem eu fujo.

A Ti, das profundezas de meu coração, tenho dedicado altares festivos para que, em cada momento, Tua voz me pudesse chamar.

Sobre esses altares estão gravadas em fogo estas palavras: "Ao Deus desconhecido".

Sim, sou eu, embora até o presente tenha me associado aos sacrílegos.

Sim, sou eu, não obstante os laços que me puxam para o abismo.

Mesmo querendo fugir, sinto-me forçado a servi-Lo.

Eu quero Te conhecer, desconhecido.

Tu, que me penetras a alma, e, qual turbilhão, invades a minha vida.

Tu, o incompreensível, mas meu semelhante, quero Te conhecer, quero servir só a Ti.

Friedrich Nietzsche (BOFF, 2000, pp. 84-85).

A espiritualidade libertadora fecunda a vida com criatividade, e, para além das certezas intelectuais, nos coloca no chão concreto da vida em uma dimensão talvez jamais imaginada.

"Não concerne à ciência pedir a Deus o documento de identidade. Deus nem atestado de Batismo possui, pois não tem religião (Gandhi). Os tais "princípios matemáticos da filosofia natural" de Newton identificaram apenas uma caricatura divina, o deus-tapa-buracos. Ora, Deus tem mais o que fazer do que suprir as carências de nossa razão. Cuide a própria ciência de tapar os buracos da estrada em que trafega. São ídolos com pés de barro os ídolos das convicções científicas, e suspeita é a fé que busca apoiar-se na ciência" (BARROS; BETTO, 2009).

Enfim, a discussão sobre a relação entre fé e espiritualidade, entre doença e cura/saúde apenas está se iniciando. A busca de respostas prossegue intensamente, desde os sofisticados laboratórios digitais da neurobiologia, em direção às evidências de Deus, até o leito de muitos doentes crônicos que clamam por saúde e cura, invocando Deus sem necessidade de prova. Têm-se muitas perguntas, dúvidas, e os resultados encontrados nas pesquisas científicas até o presente são nesse sentido decepcionantes. Pergunta-se se esse é o caminho correto de busca de respostas à questão fundamental de Deus e de sua intervenção no mundo da vida humana. É uma discussão que envolve cientistas, pessoas que se autodenominam pesquisadores céticos, agnósticos, ateus e até crentes piedosos. Vale a pena lembrar Santo Agostinho, que dizia: "Se compreendes, não é Deus". Claro que não se propõe abdicar da compreensão racional da realidade das coisas do mundo, valorizando o conhecimento científico, e muito menos renunciar a "dar razões à nossa esperança". Por um lado, dispõe-se de uma sabedoria plurimilenar, legado das religiões no âmbito das diferentes culturas; por outro, o empreendimento científico ainda bastante jovem, com pouco mais de cinco séculos de existência. Existe muito ainda o que se descobrir. Nossa profunda convicção é que Deus não se deixa revelar como prisioneiro de circuitos digitais da inventividade científica da neurobiologia e, muito menos, no âmbito da razão humana orgulhosa de si. Na perspectiva da fé cristã, tem-se a certeza de que Deus é amor, e onde existe amor aí está Deus, a vida se afirma e a saúde é uma realidade palpável. Mesmo na morte, existe vida! O investimento tem que ser feito no amor, desde o âmbito individual até o sociopolítico, manifestado pela justiça, equidade e solidariedade entre os povos.

Anexo 1

Documento do Celam:
Discípulos missionários
no mundo da saúde

Apresentamos a seguir quatro questões fundamentais relacionadas com a ação pastoral no mundo da saúde, extraídas do documento: *Discípulos missionários no mundo da saúde: guia da Pastoral da Saúde para a América Latina e o Caribe* (2010), do Celam (Conselho Episcopal Latinoamericano), Departamento de Justiça e Solidariedade. As questões selecionadas são as seguintes: (1) O que entender por Pastoral da Saúde e quais são as suas dimensões?; (2) Identidade dos agentes de Pastoral da Saúde; (3) Espiritualidade do agente de Pastoral da Saúde; e (4) Formação do agente de Pastoral da Saúde.

O que é a Pastoral da Saúde

A Pastoral da Saúde é a ação evangelizadora de todo o Povo de Deus, comprometido em promover, cuidar, defender e celebrar a vida, tornando presente a missão libertadora e salvífica de Jesus no mundo da saúde.

O *Documento de Aparecida* esclarece: "A Pastoral da Saúde é a resposta às grandes questões da vida, como o sofrimento e a morte, à luz da morte e ressurreição do Senhor" (*Aparecida*, n. 418).

Objetivo geral da Pastoral da Saúde

Evangelizar com renovado espírito missionário o mundo da saúde, em uma opção preferencial pelos pobres e enfermos, participando da construção de uma sociedade justa e solidária ao serviço da vida.

A Pastoral da Saúde e suas dimensões

Para realizar sua missão, a Pastoral da Saúde enfatiza três dimensões: solidária, comunitária e político-institucional.

Dimensão solidária

Objetivo

Ser presença de Jesus, Bom Samaritano, ao lado dos doentes e dos que sofrem nas famílias, nas comunidades e nas instituições de saúde.

Linhas de ação

- Iluminar, através da fé cristã e da pessoa de Jesus, a realidade da dor, do sofrimento, da doença e da morte.
- Formar agentes de Pastoral da Saúde nos aspectos humano, ético, bioético, pastoral e espiritual, para anunciar a Boa-Nova da salvação a partir das realidades da saúde e da doença, da vida e da morte.
- Celebrar com especial esmero as datas significativas relacionadas com o mundo da saúde: o Natal, a Páscoa, as festas dos santos da caridade, o dia mundial da saúde, do enfermo, do médico, do enfermeiro etc.
- Oferecer um acompanhamento humano e cristão aos doentes e a seus familiares nas instituições e em seus domicílios, respeitando a liberdade de consciência e as diferentes crenças religiosas.
- Ajudar os doentes e seus familiares, bem como a todos os que assistem, a descobrir o verdadeiro sentido da dimensão celebrativa e sacramental da fé, em

particular com os sacramentos da Reconciliação, da Eucaristia e da Unção dos Enfermos.
- Sensibilizar a sociedade e a Igreja com relação à realidade do sofrimento, denunciando a marginalização dos doentes em fase terminal e dos anciãos, das pessoas com capacidades diferentes, dos contaminados pela AIDS, da drogadição, do alcoolismo, da doença mental, do câncer.
- Incentivar a criação de grupos e/ou associações de apoio a doentes crônicos, terminais e a seus familiares.

Dimensão comunitária

Objetivo

Favorecer a promoção e a educação em saúde, com ênfase na saúde pública e no saneamento básico, agindo de maneira preferencial no campo da prevenção das enfermidades e da promoção de estilos de vida saudáveis.

Linhas de ação

- Promover ações educativas, implementando uma cultura de estilos de vida saudáveis, com ações de prevenção e de promoção, impregnadas pelos valores da justiça, da igualdade e da solidariedade.
- Resgatar e valorizar a sabedoria e a religiosidade popular relacionadas com a utilização dos dons da mãe natureza e com o cuidado do meio ambiente.
- Fazer que o uso das diferentes práticas alternativas de saúde seja realizado com os fundamentos necessários, com aprovação científica e com responsabilida-

de, no que se refere aos valores e às crenças culturais dos indígenas.

- Cuidar da formação e da capacitação permanente dos agentes de pastoral nos aspectos da promoção da saúde e da prevenção das doenças, com ênfase nas sociais (tabaquismo, alcoolismo, adições etc.) e no manejo de situações de emergência, calamidades e catástrofes.

- Educar sobre o novo conceito de saúde enquanto qualidade de vida e estilos de vida saudáveis, considerando a pessoa em suas dimensões biofísica, psíquica, social e espiritual.

Dimensão político-institucional

Objetivo

Velar para que os organismos e instituições públicas e privadas que prestam serviços de saúde e formam profissionais nessa área tenham presente sua missão social, política, ética, bioética e comunitária.

Linhas de ação

- Contribuir para a humanização e para a evangelização dos trabalhadores do mundo da saúde, das instituições de saúde e das escolas em que se formam profissionais relacionados com a área.

- Promover e defender a saúde como um direito fundamental do ser humano, vinculado com a solidariedade, com a igualdade, com a integralidade e com a universalidade.

- Participar ativa e criticamente das instâncias oficiais que decidem as políticas de saúde da nação, do Estado, da região e do município através do controle social e da gestão participativa.

- Promover relações interinstitucionais assistenciais e educativas com o fim de compartilhar recursos materiais, financeiros, humanos e da geração de ações e projetos comuns.
- Favorecer a formação permanente dos profissionais da saúde nas áreas da humanização, da ética e da bioética.
- Incentivar a criação de associações católicas de profissionais da saúde.
- Criar consciência sobre o compromisso social dos profissionais da saúde para que prestem serviços de educação, de prevenção e de assistência em termos de saúde às comunidades mais pobres, aos bairros marginalizados e às zonas rurais.
- Refletir à luz da fé cristã e da pessoa de Jesus sobre a realidade da saúde e da doença, assim como sobre as implicações da ciência, da tecnologia e da bioética.
- Promover a conscientização das comunidades sobre o direito à saúde e o dever de lutar por condições de vida mais humanas: o direito à terra, ao trabalho, ao salário justo, à habitação, à alimentação, à educação, ao lazer, aos serviços públicos básicos, à conservação da natureza.

A identidade dos agentes da Pastoral da Saúde

Falar dos agentes da Pastoral da Saúde é falar dos discípulos missionários de Jesus Cristo e de sua Igreja, de sua missão de cura e de salvação. Na Igreja — comunidade sanadora —, todos são agentes da pastoral.

O agente da Pastoral da Saúde é chamado e enviado por Deus a trabalhar em favor da vida no mundo da saúde; é presença amorosa e libertadora de Jesus que levanta e cura.

Aspectos humanos e psicológicos do agente

- O agente da pastoral é uma pessoa rica em humanidade, que comunica proximidade, acolhida, carinho; ele é capaz de escutar e de acolher o outro com sua história pessoal, sua individualidade, bem como de oferecer-lhe hospitalidade em seu coração.

- Ele é uma pessoa equilibrada, possui uma maturidade humana e psicológica que lhe permite iluminar e orientar situações conflituosas e de crise.

- O agente da pastoral é discreto, não impõe sua presença; está atento para captar o que o outro quer e necessita; respeita seus silêncios e confidências. Ele reconhece sua pobreza, seus limites, e está consciente de não poder responder a tantos problemas, mas tem um coração capaz de hospedar todo sofrimento e comunicar consolo, serenidade e paz.

- Em seu trabalho, o agente da pastoral não se deixará guiar unicamente por critérios de eficácia e de êxito. Ele purificará constantemente suas motivações e, nos momentos difíceis, nos quais se sinta desanimado e impotente, reforçará sua confiança no Senhor, o único que pode salvar.

- Dinamiza processos de transformação de realidades de sofrimento, dor e morte em realidades de vida e de esperança. É uma pessoa aberta à formação e capacitação permanente, preocupando-se em atualizar-se e oferecer um serviço adequado e oportuno.

- O agente da pastoral tem uma capacidade de liderança que o habilita a animar, a coordenar, a dinamizar e a estimular as forças vivas da comunidade e o trabalho dos grupos pastorais. É um educador natural, capaz de acompanhar os processos de mudança, de descobrir talentos, de favorecer a criatividade, de despertar e canalizar expectativas.

- Mostra respeito pela liberdade religiosa e pelas crenças dos doentes, dos familiares e dos trabalhadores da saúde. Reconhece e aceita as diferenças em um mundo pluralista. É pessoa de diálogo. Cultiva a paciência, a perseverança, a constância; sabe concretizar com êxito os planos e os projetos propostos, sendo fiel a seus compromissos.

- Ele crê e favorece o trabalho em equipe e a colaboração interdisciplinar. Sabe trabalhar em uma pastoral de conjunto e facilita a integração com as outras áreas específicas. Possui um bom conhecimento da realidade e está capacitado a educar na promoção da saúde e na prevenção das doenças.

- O agente da Pastoral da Saúde deve aceitar e assumir a realidade de que vivemos em uma sociedade enferma, ferida. Aceitar e integrar suas feridas o ajudará a viver o chamado, a compartilhar o ministério da cura, do perdão e da reconciliação, solidarizando-se com todo sofrimento humano, com um coração acolhedor, repleto de compreensão, de ternura e de amor.

- Os doentes nos evangelizam e nos recordam que nossa esperança repousa em Deus. Seu valor e sua serenidade nos interpelam e nos ajudam a crescer espiritualmente; enriquecem-nos em humanidade e fé.

Aspectos cristológicos e eclesiológicos

- O discípulo missionário tem a grande missão de viver e de comunicar a vida nova de Jesus Cristo a nossos povos. *Aparecida* nos afirma isso repetidas vezes: "A vida se acrescenta dando-se [...]. Aqueles que mais desfrutam da vida são os que deixam a segurança da margem e se apaixonam pela missão de comunicar vida aos outros".

- Os agentes da pastoral são chamados a ser a imagem viva de Cristo e de sua Igreja. São eles que, de modos diferentes, não só atualizam, revelam e comunicam ao doente o amor de cura e de consolo de Jesus Cristo, como também exprimem, de forma continuada e com frequência silenciosa, os milagres de cura que a Igreja recebeu de Cristo e que tem o poder de realizar.

- Em seus gestos terapêuticos e em seu compromisso, a Igreja empenha no campo da saúde sua própria credibilidade. Trabalhando em comunhão, os agentes da pastoral expressam a totalidade da abordagem terapêutica do bom samaritano, que, quando cura, anuncia a Boa-Nova do Pai.

- O modelo de serviço, de diaconia, que a Igreja é chamada a exprimir hoje no mundo da saúde, como sinal do Reino, é a comunhão eclesial que tende à plena inserção do doente na comunidade e na família, assim como a do ancião, a da pessoa com capacidades diferentes, a do fraco e vulnerável, que são acolhidos pelo que são, sem barreiras nem preconceitos, valorizando a contribuição original que podem dar.

- São muitas as ameaças à saúde e as necessidades que esperam uma atenção e uma resposta. São muitos os doentes e os que sofrem nos centros hospitalares, em nossas famílias, em nossas comunidades. Mostra-se impossível para nós lavar "pessoalmente" tantos pés e curar tantas feridas.

A Igreja é uma comunidade com diversos carismas e ministérios e o é também junto ao enfermo e sua família, tanto na paróquia como no hospital. É a capacidade de agir todos em conjunto, em comunhão, que pode transformá-la em comunidade curadora.

O que falta não são as pessoas, nem a boa vontade ou a capacidade profissional para responder às diversas necessidades; o que costuma faltar é uma "presença que saiba ver", que interceda e que saiba tecer com paciência relações que levem cada um a dar sua resposta curadora.

A espiritualidade do agente de Pastoral da Saúde

A espiritualidade é um estilo de vida ou uma maneira de viver segundo as exigências do Evangelho. Falar de espiritualidade não é falar de uma parte da vida, mas de toda a vida; é falar da presença do Senhor em nossa vida e na comunidade cristã.

Podemos dizer que a espiritualidade do agente de Pastoral da Saúde é um viver a vida segundo o espírito de Jesus misericordioso, que andou por todo lugar fazendo o bem, curando e sanando toda enfermidade e toda dor (Atos dos Apóstolos 10,38).

Portanto, viver a relação com Deus no serviço aos que sofrem é a expressão de uma maneira particular de viver a vida no espírito.

O amor de Deus por nós é um amor gratuito e incondicional que nos impele a comunicá-lo a todos os que nos rodeiam e, de modo especial, a todos os que sofrem. *Aparecida* nos convida a fazer de nossas comunidades um centro de irradiação da vida em Cristo para que o mundo creia (*Aparecida*, n. 362).

Jesus nos pede para sermos misericordiosos como seu Pai e com sua vida nos mostra claramente o caminho. Ele se comove profundamente diante da dor e do sofrimento dos homens. Viver a vida segundo o espírito da misericórdia é tornar presentes o amor e a ternura de Deus junto aos que sofrem com atitudes, gestos e palavras sanadoras (Lucas 6,36).

É uma espiritualidade geradora de esperança e de vida. O Deus que ressuscitou Jesus é um Deus que oferece vida onde os homens causam morte. O agente da pastoral é chamado a ser presença pascal ao lado dos que sofrem. Viver como homens e mulheres ressuscitados é orientar nossa vida para um amor criador e para uma solidariedade geradora de vida. Nossa proximidade e nosso acompanhamento serão caminho de esperança, de ressurreição.

Essa convicção profunda atribui a nosso serviço aos doentes uma dimensão de culto: é o sacramento da presença, é o momento em que o serviço se torna contemplação. Uma relação profunda no Senhor que nos leva a "ver Cristo no enfermo e a ser Cristo para o enfermo". O Evangelho de São Mateus constitui para nós uma fonte permanente de espiritualidade: "Em verdade vos digo que cada vez que fazeis isso a um dos menores desses meus irmãos, a mim o fazeis" (cf. Mateus 23,31-46).

Descobrir Cristo no enfermo nos chama a estar atentos à sua Palavra, a alimentar-nos do pão da vida, a ter uma atitude contemplativa e orante. Sem essa referência ao Senhor e à sua Palavra, nosso anúncio perderia seu horizonte, sua eficácia. Somos chamados a conjugar mística e compromisso, contemplação e ação.

Trata-se de uma espiritualidade encarnada, que exige uma atitude de disponibilidade e abertura a escutar inquietudes, problemas, angústias, sofrimentos e esperanças. Trata-se de uma espiritualidade vivida a partir do cotidiano: é-nos pedida a razão de nossa esperança, assim como que sejamos luz e sal da terra.

Bento XVI nos propõe o programa do bom samaritano: "Um coração que vê". Esse coração vê onde o amor é necessário e age correspondentemente (cf. *Deus Caritas est*, n. 31b).

João Paulo II nos diz que bom samaritano é aquele que sabe:

- *Deter-se*: parar, encontrar tempo e espaço, não ser fraco, estar disposto a mudar de programa, não tornar-se indiferente (cf. *Salvifici Doloris*, n. 22).

- *Aproximar-se*: para escutar, compreender, compartilhar, acompanhar.

- *Dar-se*: fazer dom de si, apoiar e cuidar, fazer-se próximo, cuidar de feridas com óleo e vinho. Hospedar o irmão em nosso coração, para que se sinta como em sua casa. Ser companhia silenciosa e carinhosa, presença maternal da Igreja que abriga com sua ternura e fortalece o coração (cf. *Aparecida*, n. 420).

Escutando a Palavra do Senhor, aprende-se a ler, a partir da fé, a experiência do sofrimento e da dor, a descobrir a ação de Deus e a vivê-los com esperança.

O agente da pastoral aprendeu que o serviço ao enfermo não pode ser realizado sem o sacrifício e a renúncia. Daqui nasce a força de abandonar-se no Senhor, a capacidade de dar sem esperar recompensa, a superação da repugnância, o saber compreender as mais diversas situações, a abertura e a disponibilidade com relação a todos, a sensibilidade, o dom da gratuidade.

Ele é uma pessoa contemplativa, de silêncio e oração. Sabe aproximar-se com delicadeza e respeito do mistério do sofrimento, não para explicá-lo nem para defender a Deus, mas para testemunhar a presença do Senhor que ama, solidariza e acompanha. Encarna os valores evangélicos da compreensão, da misericórdia, do amor, da entrega, da alegria.

Seguindo o exemplo de Jesus, Bom Pastor, é fiel à missão de comunicar vida e estar a serviço da vida. Bento XVI nos convida a contemplar os santos da caridade, portadores de luz na história; a fazer do serviço um culto agradável a Deus, a celebrar a liturgia da caridade (cf. *Aparecida*, n. 353; *Deus Caritas est*, n. 40).

Maria, a Mãe de Jesus, apresenta-se como modelo no cuidado e "no serviço de caridade à sua prima Isabel, com a qual permaneceu cerca de três meses, para ajudá-la durante a gravidez [...]. É uma mulher que ama [...]. Vemos isso na delicadeza com a qual em Caná ela percebe a necessidade em que se encontram os esposos e no modo como comunica esse fato a Jesus". A hora da mãe chegará apenas no momento da cruz, que será a verdadeira hora de Jesus. Quando os discípulos tiverem fugido, ela permanecerá ao pé da cruz. A mulher da esperança nos ensina a estar ao lado daquele que sofre e a acompanhá-lo com o valor e a ternura de uma mãe.

A formação dos agentes da Pastoral da Saúde

"A vocação e o compromisso de ser hoje discípulos missionários de Jesus Cristo na América Latina e no Caribe requer uma clara e decidida opção pela formação dos membros de nossas comunidades, em favor de todos os batizados, qualquer que seja a função que desempenhem na Igreja" (*Aparecida*, n. 276).

O itinerário formativo do discípulo missionário assenta suas raízes na pessoa de Jesus e no Magistério da Igreja. Será uma formação integral: cuidará da dimensão humano-comunitária, da espiritual, da intelectual e da pastoral-missionária. A formação é um longo processo que requer itinerários diversificados e respeitosos (cf. *Aparecida*, nn. 277, 280).

Princípios orientadores

Ter como centro a dignidade da pessoa humana, o que exige conhecimento, respeito, defesa e promoção do direito à vida e à saúde.

- A comunidade é a principal gestora e promotora da saúde das pessoas. Ela deve ter fácil acesso aos conhecimentos de promoção, de prevenção e de educação em termos de saúde, controle social e políticas públicas.
- Assumir a saúde como parte do desenvolvimento integral da pessoa e da comunidade, levando em conta as diferentes dimensões da pessoa humana: física, psicológica, intelectual, social e espiritual.
- Fundamentar a formação na pessoa de Jesus, na Sagrada Escritura e nos documentos da Igreja.
- Optar pelos mais pobres, pelos doentes e abandonados. "Todo processo evangelizador implica a promoção humana e a autêntica libertação, sem a qual não é possível uma ordem justa na sociedade" (*Aparecida*, n. 399).

- Promover de maneira eficaz um verdadeiro diálogo ecumênico e interreligioso no mundo da saúde, como sinal de fraternidade e tolerância, e como fundamento de um desenvolvimento integral e de uma paz estável.

Eixos temáticos

Alguns eixos temáticos que podem facilitar o esboço de programas de formação dos agentes da Pastoral da Saúde:

Eixo antropológico e cultural

- Sacralidade da vida e a dignidade da pessoa humana.
- Relação saudável consigo mesmo, com os outros, com a natureza e com Deus.
- Finitude, vulnerabilidade e morte humana.
- Ecologia e meio ambiente.
- Cultura e inculturação, novas culturas.
- Saúde como tarefa pessoal e responsabilidade social e comunitária.
- Educação, promoção da saúde (estados de vida saudáveis) e prevenção de doenças.

Eixo ético

- Proteção e defesa da vida como valor supremo, da concepção à morte natural.
- Saúde como direito fundamental da pessoa humana.
- Humanização da saúde e da medicina.
- Desafios éticos relacionados com o extraordinário desenvolvimento da tecnociência, das ciências da vida e da saúde.

- Desafios da bioética relacionados com o início, o desenvolvimento e o final da vida humana.
- Códigos de ética das diversas profissões voltadas para a saúde.
- Paternidade responsável.

Eixo bíblico-teológico

- Trindade como comunidade de amor.
- Deus que dá vida em abundância.
- Jesus: seus gestos, atitudes e palavras.
- Palavra de Deus como fonte de vida e de saúde.
- Espírito Santo, Senhor e doador de vida.
- Maria, mãe e intercessora.
- Igreja, sacramento de saúde e salvação.
- Vida e saúde, doença e sofrimento, dor e morte à luz do mistério pascal.

Eixo litúrgico-celebrativo

- Sacramentos da vida e da saúde.
- *Lectio divina.*
- Oração e devoções.

Eixo eclesiológico e doutrinal

- História da Igreja no mundo da saúde (em particular, na América Latina e no Caribe).
- Pastoral da Saúde e suas dimensões.
- Evangelização e humanização do mundo da saúde.
- Magistério e documentos da Igreja.

- Planos pastorais das Conferências Episcopais e Diocesanas.
- Diálogo ecumênico e inter-religioso.

Eixo psicológico
- Psicologia da saúde e da doença.
- Psicologia das relações e da comunicação humana.
- Relação de ajuda pastoral.
- Psicologia e pastoral em situações críticas.
- Saúde mental e patologias sociais (drogadição, alcoolismo, tabaquismo...).

Eixo educação sociopolítica
- Realidade da saúde no país, políticas de saúde e controle social.
- Legislação e normas sobre prestação de serviços de saúde.
- Processos sociais, econômicos e políticos que têm impacto no mundo da saúde (direito internacional humanitário, desenvolvimento social etc.).

Anexo 2

Uma vida dedicada à saúde, educação e espiritualidade: conhecendo Leo Pessini

Conhecendo Leo Pessini

Dados civis e religiosos

Nascimento: Joaçaba (SC): 14 de maio de 1955.

Entrada no Seminário São Camilo: 11 de fevereiro de 1971, em Curitiba (PR): 1971-1973.

Noviciado: 1974: Granja Vianna (Cotia/SP, mestre: Pe. Ramiro Carlos Pastore).

Profissão solene: 25 de janeiro de 1978.

Ordenação sacerdotal: 7 de dezembro de 1980 (Igreja Nossa Senhora do Rosário — Pompeia/São Paulo, pelas mãos do então Cardeal Arcebispo de São Paulo, Dom Paulo Evaristo Arns).

Atividades e estudos desenvolvidos

Capelão do Hospital de Clínicas da Universidade Federal do Paraná (Curitiba/PR) e assistente na formação no Seminário São Camilo de Pinhais (PR): 1981.

Pós-graduação em Educação Pastoral Clínica e Bioética (Clinical Pastoral Education) — Saint Luke's Medical Center, Milwaukee (EUA): 1982-1983/1985-1986.

Capelão do Hospital das Clínicas da FMUSP (4/1/1982) e Diretor do Instituto Camiliano de Pastoral da Saúde (ICAPS): 1982-1993.

Mestrado em Teologia Moral — Pontifícia Universidade Católica de São Paulo — Faculdade de Teologia Nossa Senhora da Assunção: 1990.

Coordenador Nacional da Pastoral da Saúde CNBB/Brasília: 1993-1996.

Superior do Seminário São Camilo em São Paulo (Ipiranga) e mestre dos clérigos: 1992-1995.

Doutorado em Teologia Moral/Bioética — Pontifícia Universidade Católica de São Paulo — Faculdade Nossa Senhora da Assunção (13/9/01): 2001.

Título de Cidadão Paulistano — Câmara Municipal de São Paulo: 2005.

Vice-Presidente da Sociedade Brasileira de Bioética: 2002-2006.

Presidente da Sociedade Brasileira de Teologia Moral: 2009-2011.

Superintendente do Círculo Social São Camilo (Ipiranga): 2001-2010.

Superintendente da União Social Camiliana, mantenedora de todas as atividades educacionais dos camilianos no Brasil: 1997-2010.

Vice-Reitor dos Centros Universitários de São Paulo (SP) e de Cachoeiro do Itapemirim (ES): 1997-2010.

Assessorias no âmbito dos camilianos, da Igreja, da saúde e da sociedade

Conselheiro da Província Camiliana Brasileira durante 15 anos: 1992-1998, 1998-2001, 2004-2010.

Conselheiro do Ministério da Saúde – Conselho Nacional da Saúde: 2003-2006.

Membro do Grupo de Trabalho/Comissão Nacional de Ética na Pesquisa em Seres Humanos (CONEP)/Ministério da Saúde, que elaborou a Resolução n. 196/96 sobre pesquisa em seres humanos: 1995-1998.

Membro da Câmara Técnica do Conselho Federal de Medicina (CFM), sobre terminalidade e cuidados paliativos (Brasília): desde 2005.

Membro da Comissão Nacional de Revisão do Código de Ética do Conselho Federal de Medicina (CFM). O código entrou em vigor em 13 de abril de 2010: 2007-2010.

Membro da Comissão Técnico-Científica da Coordenação Nacional da Pastoral da Saúde/CNBB: desde 1993.

Membro da equipe de apoio da Pastoral da Saúde do Departamento de Justiça e Solidariedade do CELAM/ Conselho Episcopal Latino-Americano (Bogotá, Colômbia): desde 1994.

Em 2010

12 de maio de 2010: eleito/nomeado *Provincial* da Província Camiliana Brasileira pelo Governo Geral da Ordem Camiliana (Superior Geral e Consulta — Roma) por um triênio (2010-2013).

11 de junho de 2010: eleito *Presidente* de todas as entidades camilianas brasileiras (2010-2013):

- *União Social Camiliana* — entidade mantenedora de todos os esforços educacionais dos camilianos no Brasil: Centro Universitário São Camilo (SP) e de Cachoeiro do Itapemirim (ES).
- *Sociedade Beneficente São Camilo* — entidade mantenedora de uma rede de hospitais (26) espalhados pelo país.
- *Beneficência Camiliana do Sul* — mantenedora de uma rede de hospitais (13) no sul do Brasil.
- *Instituto Brasileiro de Controle do Câncer (IBCC)* em São Paulo (SP).
- *Cruzada Bandeirante São Camilo.*
- *Círculo Social São Camilo.*

Entrevista

Parte desta entrevista foi publicada no *Jornal São Camilo Educação*, periódico de circulação interna do Centro Universitário São Camilo/União Social Camiliana na edição de julho/agosto de 2010, n. 39, pp. 4-7. É uma reflexão sobre a vida por ocasião da comemoração dos trinta anos de ordenação sacerdotal como padre camiliano.

Qual é o início de sua história?

Pe. Leo. Sou catarinense, do meio-oeste do Estado de Santa Catarina, registrado em Joaçaba (SC), mas nascido em Herval d'Oeste no distrito de Sede Belém em 14 de maio de 1955. Durante esses primeiros anos de vida, minha família mudou-se para várias cidadezinhas da região, tendo residido em Ibicaré (SC), Arroio Trinta (SC) e Iomerê (SC). Sou descendente de uma família de imigrantes italianos e de profunda vivência cristã. Sempre me chamou muito a atenção um seminário franciscano de Luzerna (SC). Pedi aos meus pais para ingressar nele (tinha apenas 12 anos então); fiz ficha de inscrição, peguei a lista de todo o material necessário, mas o sonho acabou sendo adiado por causa de um sério problema de saúde da minha mãe. Isto fez com que eu aposentasse este sonho franciscano e seguisse em frente na vida. Minha família mudou-se para Iomerê (SC), hoje município, mas na época distrito de Videira (SC), onde há ainda hoje uma comunidade de camilianos. O jeito divertido de ser desses padres me cativou. Eles eram diferentes, jogavam bola, usavam uma grande cruz vermelha no peito, visitavam os doentes nas famílias e eram muito humanos. Neste tempo comecei a acompanhar a minha mãe (hoje ela tem 76 anos e está muito bem de saúde) nas viagens para São Paulo, para o Hospital das Clínicas – FMUSP, onde começou um longo tratamento. O contato com o mundo do hospital me sensibilizou demais para o sofrimento humano. Tínhamos que ficar horas nas filas... mal atendidos por vezes... meu Deus, que dureza! No meio deste cenário surgiu o questionamento sobre eu me tornar alguém para trabalhar neste contexto. Médico? Enfermeiro? Não, já há muitos deles, pensava eu na época. Então fez sentido para mim o carisma dos camilianos: ser presença na área da saúde, cuidando dos doentes. Nunca pensei que um dia fosse trabalhar no Hospital das Clínicas, treze anos depois como capelão.

Qual a participação da família neste processo?

Pe. Leo. A influência que recebi de minha família foi uma sólida formação de princípios, vivência cristã e apoio incondicional diante da opção de vida. Admiro muito meu pai, que, tendo gastado quase todas as suas economias para salvar a vida da mãe, na hora que decidi sair de casa não fez cara feia e muito menos me prendeu como posse sua para ajudá-lo, como tantos outros amigos seus o fizeram. Somos quatro irmãos; sou o mais velho, depois, por ordem de nascimento, vêm meus irmãos Salete, Bernardete e João. Não posso esquecer de minhas duas tias religiosas, Catequistas Franciscanas, Lourdes e Inês Pessini, irmãs de meu pai, que sempre me incentivaram na caminhada vocacional. Meus pais celebraram suas bodas de ouro no dia 24 de julho de 2004. Somos uma família muito unida. Desde 13 de setembro de 1983, meus pais residem em São Paulo, capital.

Da sua infância, o que gostaria de ressaltar como marcante?

Pe. Leo. Até os oito anos, quando minha mãe tinha saúde, foi uma maravilha. Depois foi uma guerra para nossa sobrevivência. Começaram as privações...

o que nos salvou foi a solidariedade e ajuda dos vizinhos e amigos da família, que enviavam pão, carne, roupa... Até vinham dormir com a gente, enquanto os pais estavam longe, lá em São Paulo, no hospital. Rezávamos muito... muito! Era o que dava para fazer! Não é fácil uma criança conviver com um prognóstico: "Sua mãe tem apenas seis anos de vida...". No entanto, a gente supera e se autossupera. Acho que essa força é a força que Deus dá para a gente. Na adolescência, sempre gostei de música e até me aventurei a compor algumas, que por sinal o povo ainda canta em Santa Catarina. Fiz parte de um conjunto musical "Banda Santa Cecília" dos 14 aos 17 anos; comecei tocando trombone e depois fui para o pistão e depois guitarra. Tenho saudade disso!

Fale um pouco de sua trajetória formativa e educacional.

PE. LEO. Iniciei o ensino fundamental no Grupo Escolar Governador Bornhausen, em Arroio Trinta (SC), onde cursei dois anos de jardim de infância (pré-escola) e a seguir da 1ª a 4ª série primária (1963-1966). Fiz o então chamado "exame de admissão" ao ginásio em dezembro de 1966 e ingressei na primeira série do ginásio em 1967 no Ginásio Normal "Sagrada Família", de Arroio Trinta (SC), cuja direção era das Irmãs Carlistas. Com a mudança de minha família para Iomerê, uma cidadezinha a 20 km de distância, concluí ali as três últimas séries do ginásio, no Ginásio Normal "Germano Wagenfuhr," de Iomerê (SC) nos anos 1968-1970. Entrei no Seminário Camiliano em Pinhais (PR) em 1971, quando iniciei o então denominado Curso Científico (Ensino Médio hoje) no Colégio "Senhor Bom Jesus" dos franciscanos em Curitiba (PR), de 1971-1973.

Em 1974 mudei para São Paulo, para a Granja Vianna (Cotia-SP), onde juntamente com meu colega Arlindo Toneta, hoje Pároco da Igreja N. Sra. do

Rosário de Vila Pompeia (São Paulo-SP), sob a orientação do mestre Pe. Ramiro Carlos Pastore, fizemos a experiência de noviciado camiliano, cuidando dos idosos no Recanto São Camilo.

A seguir cursei Filosofia na PUC-SP/Centro Universitário Assunção (1975-1978) e Teologia no Instituto Teológico Pio XI (1977-1980). Fui ordenado diácono em Iomerê (SC), em março de 1980, juntamente com Arlindo Toneta, sob a imposição das mãos de Dom Oneres Marchiori, hoje de Lages (SC), e sacerdote camiliano no dia 7 de dezembro de 1980, na Paróquia Nossa Senhora do Rosário de Vila Pompeia, sob a imposição das mãos de Dom Paulo Evaristo Arns, então Cardeal Arcebispo de São Paulo. Uma particularidade é que em julho de 1980 o Papa João Paulo II visitava o Brasil pela primeira vez e todos os nossos colegas estudantes de teologia do quarto ano foram ordenados pelo Papa na célebre missa do Maracanã (RJ). Eu e meu amigo Arlindo Toneta optamos por realizar as celebrações de ordenação em nossas comunidades, perto das pessoas que nos apoiaram ao longo da caminhada.

Sou pós-graduado (nível avançado) em Clinical Pastoral Education (Educação Pastoral Clínica) nos EUA, onde residi de 1982 a 1983 e de 1985 a 1986, em Milwaukee (WI); trata-se de aconselhamento diante de situações críticas de vida (perdas, acidentes, mortes etc.). A experiência de residir e estudar nos EUA foi fundamental para mim. Posso dizer que foi um antes e um depois em minha vida. Recordo o meu superior de então, Pe. Dionísio L. Costenaro, que numa das viagens para Roma me enviou um cartão postal da "Fontana di Trevi" em que escrevia no verso: "Garoto, joguei uma moedinha na Fontana di Trevi para sua sorte. Prepare o passaporte que você vai estudar nos EUA". Confesso que não contive o susto, a alegria e as lágrimas pela surpresa. Isso realmente mudaria minha vida pessoal e profissional para sempre, ao ter que aprender segundo a filosofia do curso em pastoral clínica a "lidar com documentos viventes" em situações críticas de vida.

Estávamos no início de 1981, meu primeiro ano de trabalho pastoral como capelão no Hospital de Clínicas da Universidade Federal do Paraná (Curitiba-PR) e como assistente na formação no Seminário São Camilo de Pinhais (PR) com o Pe. Geraldo Bogoni.

Ainda quanto aos estudos, fiz um curso de especialização em Administração Hospitalar e mestrado (1990) e doutorado em Teologia Moral/Bioética (2001) na Pontifícia Universidade Católica de São Paulo/Faculdade de Teologia Nossa Senhora da Assunção.

O senhor poderia falar de pessoas que são importantes na sua história de vida?

Pe. Leo. Claro que meus pais são a referência fundamental. Quanto à caminhada, sem desmerecer os que deram sua contribuição como formadores, lembro com muito carinho, lá no início, do Pe. Ernesto Boff, pela sua amabilidade, simplicidade e carinho; Pe. Calisto Vendrame, pela sua sabedoria e constante presença paterna e amiga em todos os momentos da caminhada formativa e mesmo nestes últimos anos de sua vida. Em termos intelectuais Pe. Hubert Lepargneur, pelo seu espírito crítico; Pe. Márcio Fabri dos Anjos, redentorista, meu orientador no mestrado e doutorado, pela humildade e sabedoria. Lembro também com carinho durante a formação dos Pe. João Zago e Pe. Alfonso Pastore, que me acompanharam nos últimos anos de teologia. Ao longo do processo de formação foi muito importante a convivência amigável com o irmão de caminhada Arlindo Toneta, nos estudos e trabalhos conjuntos.

Quero lembrar especialmente Leonard Martin, redentorista irlandês, que faleceu aos 53 anos, em março de 2004, e que nos últimos quinze anos partilhamos projetos em comum na área da teologia moral. Recordo também meu "irmão de adoção" Christian de Paul de Barchifontaine, belga de nascimento, brasileiro por opção, que desde 1984 até hoje, portanto 36 anos, divide comigo sua agenda de trabalho, sem brigar! É muito verdadeiro neste caso aquele texto bíblico que diz que "quem encontrou um amigo, encontrou um tesouro".

O senhor é também um escritor. Quantos livros já escreveu? Tem algum predileto?

Pe. Leo. Ao todo, com publicações próprias, organizadas, coautorias e traduções para outros idiomas, são 34 livros, sem contar os inúmeros artigos científicos para revistas especializadas no âmbito da saúde e da bioética. Gostaria inicialmente de dizer que, quando cursava o ensino fundamental, fiquei com trauma de escrever, consequência de uma repreensão (um coque na cabeça) da professora de português, da 7ª série, por eu ter errado uma concordância verbal em uma redação. Só fui me libertar um pouquinho no final do colegial, quando um excelente professor de português, chamado Laurindo (guardo porque tinha o mesmo nome de meu pai) ajudou-me a recuperar a autoestima; depois disso, consegui inclusive alguns "10" em redação. Até o presente momento (junho 2010) publiquei 34 livros na área da Pastoral da Saúde e Bioética. O primeiro livro foi um depoimento pastoral do caso Tancredo Neves, quando era capelão do Hospital das Clínicas da Faculdade de Medicina da Universidade de São Paulo. Chama-se *Eu vi Tancredo morrer*. Quem me incentivou a colocar no papel esta experiência pastoral foi o Pe. Calisto Vendrame, meu mentor espiritual, e que na época era o Superior Geral dos Camilianos em Roma (Itália).

Escrevi uma trilogia sobre bioética e dignidade humana nos limites da vida que tem recebido uma apreciação crítica surpreendente. Inclusive uma destas obras, *Distanásia*, foi traduzida para o croata, na Croácia, e foi lançada na capital daquele país, Zagreb, em maio de 2004, quando a convite lá estive para falar da obra. Este mesmo livro foi também traduzido para o espanhol, no México, em fevereiro de 2005.

Quanto ao livro do coração, é o *Ministério da vida* (Editora Santuário, 1990), que foi escrito realmente com emoção do coração de uma forma simples e objetiva, estimulando as pessoas a serem voluntárias e solidárias no mundo do sofrimento humano. Incrível... já saíram 31 edições. Esta obra foi traduzida para o espanhol, no México (1999), onde a primeira edição já esgotou. Além disso, tenho sido colaborador na revista *O Mensageiro do Sagrado Coração de Jesus* (coluna "Pastoral da Saúde") desde 1989 e na *Revista Família Cristã*, na qual assino, desde 1990, a coluna sobre bioética.

Destaco ainda um projeto que liderei como editor, juntamente com outros dois amigos, Christian de P. de Barchifontaine e Fernando Lolas Stepke (Santiago, Chile), que exigiu muitas energias, mas que após cinco anos de intensos trabalhos finalmente ficou pronto. Trata-se da obra *Bioética na Ibero-América: história e perspectivas*, que foi publicada em três línguas: português (2005), espanhol (Chile, 2006) e finalmente em inglês (Londres, 2010).

O senhor lançou um livro, cujo título é *Distanásia — Até quando prolongar a vida?* Trata-se de um tema bastante polêmico. Poderia nos falar um pouco desta obra?

Pe. Leo. Na verdade, minha produção científica espelha uma preocupação existencial muito concreta, que nasceu no meu trabalho diuturno ao longo de mais de doze anos como capelão no Hospital das Clínicas da FMUSP. A questão do morrer indigno, sozinho, sem atenção humana sempre me sensibilizou muito. Meu Deus, quanto sofrimento. Além disso, percebia como os profissionais da saúde não eram e não são preparados para enfrentar esta realidade tão dura e o quanto sofriam e sofrem com isso. Os maiores dramas que vivi foram nos pronto--socorros e nas UTIs. Fui então em busca de compreensão e aprofundamento da questão, já que era "colocado na parede" a todo momento sobre como proceder, qual o parecer da ética cristã e assim por diante. Resultado: no mestrado trabalhei a questão da eutanásia (a problemática da abreviação da vida por causa do sofrimento) e no doutorado a questão da distanásia, ou seja, o prolongamento indigno da agonia, sofrimento e distanciamento da morte. Este trabalho tem uma história de doze anos de vivência diária junto às pessoas que estavam enfrentando sua própria morte e mais oito anos de reflexão. Pensei que não conseguiria mais defender esta tese, porque quando eu estava na metade do trabalho tive que interromper tudo para assumir responsabilidades administrativas na área educacional camiliana, a União Social Camiliana.

O Senhor também escreveu muito sobre humanização dos cuidados de saúde...

Pe. Leo. Sim, humanizar os cuidados de saúde é o grande desafio da nossa realidade, principalmente na assistência que o Sistema Único de Saúde presta à população. Lembro de um artigo que escrevi no início dos anos 1990, num caderno dominical especial do *Jornal do Brasil* (RJ), sobre esta questão que causou certo escândalo na época por chamar as UTIs de "catedrais modernas do sofrimento humano". O depoimento de uma enfermeira num congresso me emocionou muito, quando me disse que não desistiria mais de ser enfermeira, como estava planejando, porque finalmente viu alguma esperança no final do túnel ao ler o artigo. Pelo menos ajudei concretamente alguém e isto me fez sentir muito bem.

Destaco, ainda nesta perspectiva de humanização dos cuidados de saúde, três publicações em parceria com Luciana Bertachini, amiga querida, fonoaudióloga e atual ouvidora da União Social Camiliana e mestra em Comunicação e doutoranda em Bioética. Trata-se da publicação *Humanização e cuidados paliativos*, com quase 500 páginas, com a colaboração de mais de 20 autores especialistas em suas áreas específicas no âmbito da saúde. Hoje a obra já está em quarta edição, publicada pela Loyola. Esta publicação, como dissemos anteriormente, foi traduzida para o espanhol, no México. Este foi o primeiro livro sobre cuidados paliativos publicado no Brasil em 2004. Destaco ainda dois livrinhos: *O que entender por cuidados paliativos?* (Paulus, 2. ed., 2009) e *Cuidar do ser humano: ciência, ternura e ética* (Paulinas, 2. ed., 2010). Estas obras são referências na Câmara Técnica sobre Terminalidade da Vida e Cuidados Paliativos do Conselho Federal de Medicina (CFM), da qual ambos participamos.

O senhor tem uma atuação muito ampla na sociedade. Poderia nos falar de algumas de suas responsabilidades maiores, como padre, administrador, escritor, apresentador de TV, professor?

Pe. Leo. Minha maior responsabilidade profissional na área interna dos camilianos foi até agora como superintendente da União Social Camiliana e vice-reitor do Centro Universitário São Camilo de São Paulo e do Espírito Santo em Cachoeiro do Itapemirim (ES). Na Ordem Camiliana, fui membro da Comissão Central do Ministério Camiliano e Conselheiro Provincial da Província Camiliana Brasileira

Da esquerda para a direita: Leo Pessini, com a mãe, Therezinha Toldo Pessini, e as irmãs, Bernadete (no colo) e Salete.

Leo Pessini e a irmã, Salete.

Primeira Eucaristia, aos sete anos de idade, realizada na cidade de Arroio Trinta (SC), em 1963.

Formatura do ginásio, na cidade de Iomerê (SC), em 1970.

Família Pessini, em 1980, na residência situada em Iomerê (SC) – Linha São Roque, local onde a família residiu de 1969 a 1983.

Família Pessini na residência situada na Vila Pompeia em São Paulo, de 1983 a 1988.

Bodas de ouro dos pais.
Toda a família reunida, 2004.

Igreja Antiga – Paróquia Nossa Senhora dos Campos
Arroio Trinta, no final da década de 1950.

Pe. Agostinho Rombaldi,
pároco por mais de vinte anos,
em Arroio Trinta.

Igreja construída no final dos anos 1970 (cruz no centro) em Arroio Trinta (SC).

Paróquia São Luiz Gonzaga, Iomerê (SC).

Cidade de Iomerê (SC).

Convite da ordenação sacerdotal de Pe. Leo Pessini.

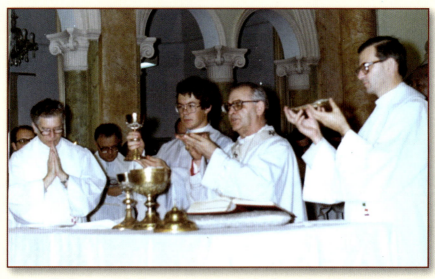

Ordenação de Leo Pessini, em 7 de dezembro de 1980. Da esquerda para a direita: Pe. Calisto Vendrame, Pe. Dionísio Constenaro (Provincial na época); Pe. Leo Pessini (Ordenado); Dom Paulo Evaristo Cardeal Arns (Bispo Ordenante); Pe. Alfonso Pastore (Pároco da Paróquia N. Sra. do Rosário).

Pe. Leo Pessini, em viagem aos Estados Unidos em 1983. Ao fundo, a Estátua da Liberdade.

Ao fundo, as Torres Gêmeas do *World Trade Center*, em Nova York.

Pe. Leo Pessini, em frente à Basílica de Guadalupe, no México, em 1986.

Pe. Inocente Radrizzani, fundador da Província Camiliana Brasileira, chegou ao Brasil em 22 de setembro de 1922.

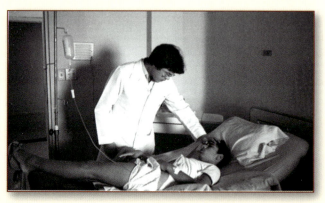

Pe. Leo Pessini, como capelão do Hospital das Clínicas, função que exerceu de 1982 a 1993: "coração nas mãos".

Congresso Mundial de Bioética em Buenos Aires (Argentina), em 1994.
Da esquerda para a direita: Pe. Leo Pessini; Pe. Ademar Rover; Pe. Leonard Martin; Pe. Zeferino.

I Congresso Brasileiro de Bioética e Saúde realizado em São Paulo, em 1993.

7º Congresso Mundial de Bioética em Sidney (Austrália), em 2004.

Gravações do Programa Terceiro Milênio (Rede Vida de Televisão 1997-2004).
Da esquerda para a direita: Frei Patrício Sciadini, Hugo Coelho (diretor), Luciana Bertachini e Leo Pessini (entrevistadores).

Entrega do Título de Cidadão Paulistano, em 16/05/2005,
concedido pela Câmara Municipal de São Paulo,
por iniciativa do Vereador Domingos Dissei.
Da esquerda para direita: Artur Dissei;
Pe. Leo Pessini e Vereador Domingos Dissei.

Da esquerda para direita: Vereador Domingos Dissei;
Therezinha Toldo Pessini (mãe); Pe. Leo Pessini;
Laurindo Pessini (pai); Vereador Paulo Frange.

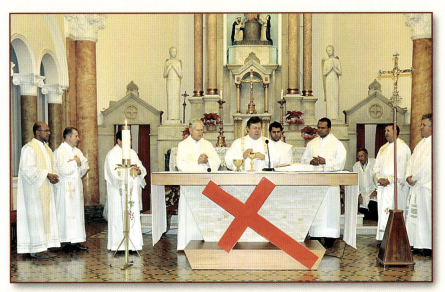

Pe. Leo Pessini em celebração eucarística de sua apresentação como novo Provincial e Presidente das Entidades Camilianas Brasileiras à comunidade, na Paróquia Nossa Senhora do Rosário de Pompeia, em São Paulo, em 21/06/2010.

Novos membros do Conselho Provincial da Província Camiliana Brasileira.
Da esquerda para direita: Pe. Antonio Mendes de Freitas; Pe. Ariseu Ferreira de Medeiros (Vice-Provincial); Pe. Arlindo Toneta; Pe. Leo Pessini (Provincial-Presidente) e Pe. Olacir Geraldo Agnolin.

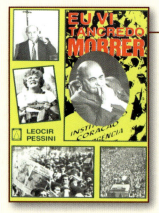
Depoimento pastoral sobre o atendimento a Tancredo Neves, no Incor, em 1985.

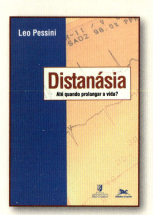

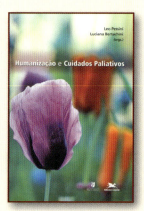

Trilogia sobre dignidade humana nos limites da vida. Traduzida para o espanhol (México) e croata.

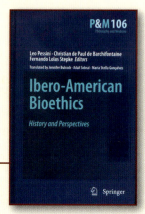

Publicação em inglês sobre história da Bioética na Ibero-América (2010).

A parceria Paulinas Editora e Pe. Leo Pessini rendeu diversos frutos. Acima, os livros publicados. Ao lado, a *Revista Família Cristã*, da qual Pe. Leo é articulista há mais de vinte anos.

Pe. Leo Pessini, entrevistado para a matéria "Vida e morte, uma questão de dignidade", veiculada no Caderno Aliás do jornal *O Estado de S. Paulo*, em 27/3/2005.

Pe. Leo Pessini entrevistado para a matéria "A vida em mãos alheias", veiculada no Caderno Aliás do jornal *O Estado de S. Paulo*, em 21/2/2010.

durante muitos anos. Quanto à bioética, fiz parte da Diretoria da Associação Internacional de Bioética (1997-maio de 2005) e também fui vice-presidente da Sociedade Brasileira de Bioética. Atualmente sou professor do mestrado e doutorado em bioética do Centro Universitário São Camilo.

Em termos de mídia, um trabalho que me marcou muito foi ser entrevistador do Programa Terceiro Milênio, programa veiculado na Rede Vida de Televisão, produzido por Loyola Multimídia em parceria com o Centro Universitário São Camilo, que foi ao ar em meados de 1997 à 31 de dezembro de 2004. Neste espaço de tempo participei como apresentador de 619 entrevistas, sobre os mais variados assuntos do âmbito da vida humana. Nunca pensei que fazer perguntas, tentar perguntar com inteligência, mas de uma forma respeitosa ao mesmo tempo, fosse uma tarefa tão exigente e além do mais uma verdadeira arte.

No início de 2006, um fato curioso! Com o falecimento do Pe. Leo Tarcísio da TV Canção Nova e o encerramento da veiculação do Programa Terceiro Milênio pela Rede Vida de Televisão, muitas pessoas confundiram os dois "Leos" que trabalhavam nestas emissoras de televisão. Na ocasião, eu, Leo Pessini, atuava como apresentador da Rede Vida, e o Leo Tarcísio na Canção Nova. Nessa confusão de identidades, quando da morte de Pe. Leo Tarcísio, ganhei inúmeras missas de sétimo dia, bem como minha família recebeu inúmeros telefonemas e telegramas de solidariedade, pois pensavam que eu tinha morrido! Neste contexto, minha secretária trabalhou diversas semanas desfazendo o mal-entendido, afirmando que eu estava muito bem de saúde e vivo.

Hoje, pastoralmente, colaboro na Paróquia Nossa Senhora de Nazaré, no Jardim Arpoador/Butantã, Diocese de Osasco (SP), celebrando missa para o povo em várias comunidades. Uma das mais novas leva o nome de "São Camilo".

Mas o senhor tem também participado de inúmeros debates sobre questões éticas e bioéticas na chamada grande imprensa, não é verdade?

Pe. Leo. Sim, com inúmeras entrevistas, artigos e mesas-redondas sobre questões candentes na fronteira da tecnociência com os valores humanos. Em especial, gostaria de destacar uma reportagem de duas páginas inteiras que foi publicada no jornal *O Estado de S.Paulo*, no Caderno Aliás, que é publicado aos domingos (a minha, no dia 27 de março de 2005) intitulada "Vida e morte; uma questão de dignidade". Nesta reportagem em forma de entrevista, de autoria de Monica Manir, discuto o famoso caso de eutanásia de Terry Schiavo. Uma jovem norte-americana que estava em estado vegetativo persistente havia mais de doze anos e que, a pedido de seu ex-marido, com autorização legal (contra a vontade dos pais e irmãos de Terry) teve sua alimentação e hidratação interrompidas. Terry morreu, após alguns dias, por inanição.

É interessante destacar que a jornalista que me entrevistou durante mais de cinco horas, lembro que era uma Quinta-Feira Santa, ficou tão entusiasmada com a discussão sobre questões de final de vida em bioética, que optou por frequentar o mestrado em Bioética na São Camilo e sua dissertação versou justamente sobre a cobertura que a imprensa brasileira fez a partir de um grande jornal do caso Terry Schiavo.

Mais recentemente, em 21 de fevereiro de 2010, tive o privilégio de ser honrado com mais uma reportagem grande, de quase duas páginas inteiras no jornal *O Estado de S.Paulo*, Caderno Aliás, com o título: "A vida em mãos alheias". Foi considerado o assunto da semana. Aqui se refletiu bioeticamente a respeito da confissão pública de um apresentador de TV inglesa, ao revelar que, havia mais de 20 anos, tinha sufocado com um travesseiro seu parceiro de vida que sofria terrivelmente na fase final de vida como portador do vírus HIV/AIDS. Atendeu à solicitação de seu "amigo" para não deixá-lo sofrer.

É visível sua paixão pela academia como professor universitário.

Pe. Leo. Educar é sem dúvida uma das grandes paixões de minha vida. Precisamos educar para valores que possam ser fatores de construção de uma sociedade mais justa, equânime e solidária. Sou professor no programa de pós-graduação (mestrado e doutorado) em Bioética de nosso Centro Universitário São Camilo em São Paulo. Respondo pelas disciplinas "Questões éticas de final de vida" e "Bioética e correntes filosóficas contemporâneas". Até o presente momento (setembro de 2010) orientei 20 dissertações de bioética e participei em bancas avaliadoras de 17 teses de doutorado e em 55 dissertações de mestrado, nas mais diferentes universidades brasileiras, sobre questões de bioética nos mais variados assuntos e sobre humanização dos cuidados de saúde.

Por causa da bioética o senhor andou muito pelo mundo, não é verdade?

Pe. Leo. É verdade, sim. Dos dez Congressos Mundiais de Bioética realizados em diferentes países do mundo até hoje, só não participei do primeiro, que foi na Holanda em 1992, porque não soube da realização do evento. A partir daí estive presente no segundo, em Buenos Aires (1994); no terceiro, em São Francisco (1996); no quarto, em Tóquio (1998); no quinto, em Londres (2000); no sexto, em Brasília (2002); no sétimo, em Sidney (2004); no oitavo, em Pequim (2006); no nono, em Rijeka (2008); e no décimo, em Singapura (2010).

Como membro da diretoria da International Association of Bioethics (1997-2005), participei ativamente no planejamento científico da programação dos eventos a partir de 1998 e, particularmente, no Congresso de Brasília, realizado pela Sociedade Brasileira de Bioética e outras inúmeras entidades afins, no qual fui um dos responsáveis pela realização.

Desde muito cedo o senhor assumiu responsabilidades na vida, não?

PE. LEO. É verdade, sempre estive envolvido em muitas atividades. Entre outras, lembro que fui capelão do Hospital das Clínicas da Faculdade de Medicina da USP (janeiro de 1982 — junho de 1993); diretor do Instituto Camiliano de Pastoral da Saúde — ICAPS (1983-1994); superior e mestre dos estudantes de teologia do Seminário Maior São Camilo do Ipiranga (12 de outubro de 1992 — 31 de dezembro de 1994); conselheiro da Província Camiliana Brasileira em 5 períodos: 1992-1994; 1995-1997; 1998-2000; 2004-2006; 2007-2010; coordenador nacional da Pastoral da Saúde da CNBB (1993-1996); membro do grupo de trabalho do Ministério da Saúde que redigiu a Resolução n. 196/96, sobre diretrizes éticas envolvendo pesquisas em seres humanos; membro da Comissão Nacional de Ética na Pesquisa em Seres Humanos — Conselho Nacional da Saúde/Ministério da Saúde (1996-2003); membro do Conselho Editorial da revista *Bioética* do Conselho Federal de Medicina, Brasília, desde o ano 2000. A última participação neste sentido foi como membro da Comissão Nacional de Revisão do Código de Ética Médica (2007-2010), que elaborou o novo Código de Ética Médica dos médicos brasileiros e que entrou em vigor no dia 13 de abril de 2010.

Algum reconhecimento público pela sociedade com tantos serviços prestados?

Pe. Leo. Vários, mas em especial gostaria de destacar o Título de Cidadão Paulistano, que me foi concedido pela Câmara Municipal de São Paulo, por iniciativa do vereador Domingos Dissei, aprovado em 16/12/2004, mas cuja cerimônia pública na Câmara Municipal de São Paulo foi no dia 16 de maio de 2005. Entre as razões apresentadas para a recepção de tal distinção foram os trabalhos realizados como capelão no Hospital das Clínicas da FMUSP e como superintendente do Círculo Social São Camilo (antigo Círculo Operário do Ipiranga) localizado no bairro do Ipiranga, na cidade de São Paulo.

Lá se vão quase trinta anos de trabalho no mundo da saúde. Deu para encontrar tempo e celebrar todo este tempo de vida dedicado aos outros no mundo da saúde?

Pe. Leo. Claro que sim. Registro a celebração dos vinte e cinco anos de sacerdócio, em dezembro de 2005, juntamente com meu amigo de estudos Pe. Arlindo Toneta, na Igreja Nossa Senhora do Rosário de Vila Pompeia. Convidamos para presidir esta celebração o bispo que nos ordenou diáconos lá em Santa Catarina, em Iomerê (SC), Dom Oneres Marchiori, então bispo da diocese de Lages (SC).

Recordo alguns pontos da bela homilia proferida por Dom Oneres. Ele falava que, em Jesus Cristo, o padre é profeta, pastor e sacerdote. Como profeta, ele prega a Palavra, anuncia o Projeto do Reino, orienta o rebanho que lhe é confiado, mostra o caminho certo, defende dos falsos atalhos. O padre é pastor: sua vida deve ser toda ela orientada para a missão. Será uma vida centrada na "caridade pastoral", vivida em sua dupla vertente: amor ao Bom Pastor — Jesus Cristo — e amor às pessoas confiadas ao seu ministério. E, finalmente, o padre é sacerdote: ele é e será sempre o homem da Eucaristia, da oração, da Palavra de Deus da qual se alimenta e se inspira, pois, antes de ser servidor da Palavra, será discípulo e ouvinte.

Por ocasião destas bodas de prata de ordenação, revisitei locais importantes de início de vida, como foi Arroio Trinta (SC) e Herval d'Oeste (SC), reencontrando amigos de vida que não via havia muitos anos.

O senhor poderia nos dizer resumidamente o que os jovens de hoje, profissionais de amanhã, necessitam para construir um futuro melhor?

Pe. Leo. Precisam ser luz em meio a tanta escuridão, acendendo a centelha da esperança de que vale a pena a luta por um mundo melhor, mais fraterno e solidário. Além disso, precisam acreditar que nós não fomos criados para ser um fracasso na vida, mas temos uma contribuição preciosa a dar para a humanidade. A possibilidade de transformação do mundo está na mão desta geração-esperança. Penso que o inconformismo com as coisas, bem típico dos jovens, deve se traduzir tanto em uma indignação diante de tudo o que nega a vida como em um compromisso consequente de assumir esta causa.

Não está nada fácil acreditar em um futuro promissor para a humanidade, justamente agora, que somos profundamente golpeados pela guerra, terrorismo, exclusão. É preciso realmente cultivar e nos motivar na esperança. A imagem que me vem é de um bebê no colo da mãe. Esta mulher não sonha e nem quer um futuro mais complicado para o seu filho do que a realidade em que está vivendo. Olhando para o rostinho do bebê, nasce um sorriso no rosto da mãe, um sorriso que traduz confiança no futuro de seu filho e compromisso em cuidar desta criaturinha. Ninguém gera ninguém para a vida pensando em negar-lhe um futuro.

Qual é seu sonho como ex-superintendente da União Social Camiliana e agora presidente de todas as organizações camilianas brasileiras?

Pe. Leo. Que possamos sempre crescer com seriedade, qualidade na área da educação. Junto com o crescimento quantitativo, ocorra atrelado sempre o crescimento qualitativo. Em 2010 estamos com 20 mil estudantes, do pré à pós-graduação, sendo que a entidade se faz presente hoje em sete estados brasileiros. O sonho imediato já concretizado é que conquistamos o primeiro programa de mestrado do país em 2004 e o segundo doutorado em Bioética do país (2010) no Centro Universitário São Camilo de São Paulo. Uma conquista importante também foi o credenciamento em 2006 do Curso de Medicina, pelo Centro Universitário São Camilo — SP. Além disso, consolidar o recém-aprovado Centro Universitário São Camilo de Cachoeiro do Itapemirim (ES). Como uma entidade educacional nacional, existe o grande desafio de colocá-la em uma dinâmica de rede com vasos intercomunicantes, de mútua ajuda, programas comuns e projetos integrados e não sobrepostos ou duplicados que aumentam custos e enfraquecem nosso poder de fogo diante da realidade, comprometendo o processo de eficiência e eficácia. A partir dos valores da filosofia camiliana, procuramos cuidar do "capital humano", que é o coração da organização, proporcionando possibilidades de aperfeiçoamento e educação continuada. Competência humana e profissional devem andar juntas!

Os religiosos camilianos no Brasil não são muitos. Somos 84 religiosos neste momento, mas as atividades desenvolvidas no âmbito da saúde são grandes. Temos o pioneirismo no âmbito da administração hospitalar no país, bem como organização da Pastoral da Saúde em inúmeras dioceses brasileiras. Quando reflito sobre o conjunto das entidades camilianas brasileiras, na sua imensa diversidade de atividades, nas áreas social, educacional e assistencial (hospitalar), que congrega quase 20 mil colaboradores diretos, com uma rede de 44 hospitais em 18 estados brasileiros e, além disso, uma rede educacional que privilegia a formação de profissionais da saúde com 20 mil estudantes, sinto-me muito pequeno como responsável último por tudo quanto acontece de acerto e de erro neste contexto, frente a um desafio tão grande.

Estamos num processo de alinhamento estratégico de tudo o que é São Camilo no país. Isto vai demandar muito trabalho, energia e transformações em termos de uma gestão profissionalizada e humana, em sintonia profunda com os valores camilianos. Alguns passos já foram dados no sentido de termos optado por somente quatro logomarcas, por exemplo. Sonhamos com uma única São Camilo no país na diversidade de atividades que caracterizam as organizações. Aqui temos pela frente um trabalho monstruoso de construir unidade e comunhão em termos de missão e visão das entidades na diversidade de suas atuações na sociedade. Nunca se pode perder de vista o horizonte maior de valores camilianos de que a existência destas obras somente tem sentido se forem obras que servem à causa da evangelização!

Alguma experiência de vida que tenha marcado o senhor e queira compartilhar conosco?

Pe. Leo. No dia 12 de maio 2009 eu recebia um diagnóstico terrível de saúde: melanoma maligno, grau IV (em uma escala de 1 a 5), localizado numa pequena bolinha escura na orelha esquerda. Aí se iniciou uma busca de cuidados e de possível cura. Felizmente a descoberta e intervenção foram ainda no início de todo o processo da doença, e minha vida foi preservada. Continuam os controles rigorosos, mas tudo indica que isto está superado. Levo no coração um grande aprendizado, a partir dos medos, questionamentos, reflexões e lições que fazem com que a gente descubra dimensões mais profundas do significado de nossa existência e vocação de servir no mundo da saúde como camiliano. Que susto, meu Deus! "Será que minha hora chegou?", perguntei-me, inúmeras vezes, ao ser forçado a dialogar com a minha finitude e sentindo-me pressionado a me preparar para me despedir da vida, no período de incertezas de diagnóstico. Enfim, isso passou e fica a grande lição de que não somos maiores e nem melhores que ninguém; somos "pó da terra" e irmãos uns dos outros, necessitados de compreensão, afeto, carinho (sim, carentes) em uma mesma jornada comunitária de fé e esperança. Talvez somente em um encontro dramático com a possibilidade do próprio fim é que teremos a preciosa chance de aprender a sermos mais humildes com relação à vida, respeitando os outros nas suas visões, talentos e limites, abrindo mão da arrogância, prepotência e autossuficiência ("coração arrogante e olhar orgulhoso" — Sl 100); enfim, da ilusão de que sabemos tudo, de que temos a solução para todos os problemas, de que somos donos e administradores das verdades, de Deus e dos outros. Ao percebermos que somos cegos aos nossos próprios limites, nasce outra pessoa.

Qual é o seu segredo de caminhar com esperança pela vida?

Pe. Leo. Honestamente, não faço as coisas por fazer e nem para "inglês ver". O que faço é por gostar, por paixão mesmo, e procuro aliar competência científica e humana na história. Infelizmente, a gente nem sempre consegue fazer tudo o que sonha. Confesso que lidar com limites não é muito meu forte, não. Tenho que aprender a dizer mais "nãos". Não adianta a gente estar sempre superatarefado, com mil coisas, e no fim da história não ter tempo para as pessoas de quem a gente gosta. Ou então ser uma "infelicidade ambulante", sempre mal-humorado e impondo sofrimento aos outros. Acredito que em tudo na vida podemos ser um diferencial. Sempre me pergunto se a minha vida, afinal, fez ou faz alguma diferença...

Uma mensagem final!

Pe. Leo. Agora, como provincial e presidente das organizações camilianas, a responsabilidade maior é cuidar da Província Camiliana Brasileira, entidade que responde por tudo o que acontece em termos de São Camilo no Brasil. Tenho que dar uma guinada de 180 graus na minha agenda de atividades e prioridades. Trata-se de uma missão exigente, complexa, mas não impossível com a ajuda dos coirmãos. Enfim, agradeço muito a Deus por existir, bem como a todas as pessoas que foram e são parte da minha vida.

Anexo 3

Título de Cidadão Paulistano

Discurso: dia 16 de maio de 2005, às 18h.

Câmara Municipal de São Paulo — Salão Nobre "João Brasil Vita".

Exmo Sr. Vereador *Paulo Frange*, representando neste ato o Exmo. Sr. Vereador Roberto Trípoli, Presidente da Câmara Municipal de São Paulo.

Exmo. Sr. Vereador *Domingos Dissei*, proponente desta insigne homenagem a minha pessoa, como cidadão paulistano.

Exmo. Sr. Vereador *Ushitaro Kamia*, da Câmara Municipal de São Paulo.

Revmo. *Pe. José Maria dos Santos*, Provincial da Província Camiliana Brasileira, Presidente da União Social Camiliana e entidades camilianas brasileiras.

Revmo. *Pe. Antonio Mendes Freitas*, Vice-Provincial da Província Camiliana Brasileira, Superintendente do IBCC — Instituto Brasileiro de Controle do Câncer; Diretor Administrativo da Província Camiliana.

Revmo. *Pe. Niversindo Antonio Cherubin*, Superintendente das Entidades Hospitalares Camilianas, Sociedade Beneficente São Camilo, Beneficência Camiliana do Sul e Cruzada Bandeirante.

Ilmo. *Sr. Prof. Antonio Celso Pasquini*, Diretor Geral da União Social Camiliana, aqui representando a Superintendência e todos os colaboradores da União Social Camiliana.

Ilmos. *Srs. Laurindo Pessini e Therezinha Toldo Pessini*, meus queridos pais, que representam todos os meus familiares, minha família.

Senhoras e senhores, amigos, colaboradores camilianos e familiares aqui presentes!

É com muita alegria e emoção que recebo esta distinção tão honrosa, a de ser Cidadão Paulistano. O espírito de humildade reserva-me dúvidas interiores se sou merecedor de tão insigne distinção. Aceito-a na firme convicção de que não é para engrandecer minha pessoa, mas para fortalecer a causa que abracei e que defendo por opção de vida e serviço. A causa de todos os que lutam pelo bem da humanidade, ou seja, a de lutar para que as pessoas, principalmente as mais vulneráveis, possam dignamente desfrutar da vida — este dom maravilhoso de Deus — educando, assistindo e cuidando da saúde, bem como criando e apoiando ações e expressões de solidariedade junto aos mais carentes e doentes de nossa comunidade.

A cidade de São Paulo é um grande útero materno que acolhe indistintamente a todos os que aqui chegam, de todos os recantos mais distantes deste imenso país. Migram para São Paulo em busca de cuidados de saúde, de crescimento pessoal, profissional e cultural, entre tantas outras razões de sobrevivência. Esta jornada de migrar para ter chance de viver e construir um futuro melhor não foi diferente com a família Pessini, a minha família. Meu primeiro encontro com a cidade de São Paulo foi um encontro hospitalar, em busca de cuidados de saúde para minha mãe (que felizmente vive saudavelmente os seus 72 anos e hoje aqui se faz presente), quando se esgotaram todas as possibilidades de tratamento lá no meio-oeste de Santa Catarina. Papai abriu as portas, mas como tinha que cuidar das coisas da casa, e eu sendo o mais velho dos três irmãos, na época com 15 anos, comecei a acompanhar minha mãe em seu tratamento no Hospital das Clínicas da FMUSP. Ontem como hoje, o HCFMUSP é o maior e um dos melhores hospitais da América Latina, aonde milhares de doentes acorrem em busca de tratamento de saúde, na esperança de viver com mais qualidade de vida. Sem dúvida esta foi uma experiência que me sensibilizou muito e que definiu meu futuro de vida em termos de vocação, estudos, escritos e serviço. Aqui não posso deixar de registrar agradecido esta marca fundamental de acolhimento e solidariedade desta cidade para com minha família e tanta gente necessitada.

Neste ano de 2005, completo meu cinquentenário de vida e uma trajetória de 25 anos de serviço à comunidade paulistana. Olhando retrospectivamente este espaço de tempo, percebo que se reparte em dois grandes momentos. O primeiro momento desta jornada é o lidar com a vulnerabilidade humana (dor, sofrimento e morte) que me levou a acompanhar as pessoas, em suas esperanças de recuperação de saúde, bem como caminhando com elas no seu adeus final. Conheci São Paulo, não a partir de suas lindas praças, shopping centers, avenidas majestosas, teatros, cinemas e restaurantes, mas a partir do subterrâneo de suas catedrais de sofrimento, e também da esperança, os hospitais com seus prontos-socorros e UTIs. Essa experiência foi meu maior aprendizado, meu grande doutorado de vida, que ao lidar e trabalhar com documentos vivos (doentes, cuidadores e profissionais da saúde) fez germinar em mim o compromisso com a humanização dos cuidados de saúde e a reflexão sobre as questões éticas fundamentais da vida humana, desde o seu início, até o seu final. Não dá para deixar de exclamar numa perspectiva de fé: "Quão inefáveis são os mistérios de Deus em nossas vidas!". Acredito que não é o acaso, e muito menos um lance de sorte, o que define a essência de nossas existências, conquistas e futuro da humanidade. Jamais poderia imaginar que o jovenzinho de quinze anos, andando pelos corredores e enfermarias do hospital, seria mais tarde, aos 26 anos, o Capelão do Hospital das Clínicas da FMUSP e trabalharia nesta instituição de saúde durante doze anos e meio. Sem dúvida, por meio dos fatos, acontecimentos, encontros com pessoas e desafios, Deus, de uma forma silenciosa e até imperceptível, vai nos transformando e moldando segundo seus desígnios amorosos.

O segundo momento desta jornada se estende ao momento presente. Fui desafiado pelas circunstâncias a dedicar-me na área de educação e gestão em saúde. Isto vem ocorrendo a partir do histórico bairro do Ipiranga, irradiando ações para toda a cidade, a partir da União Social Camiliana/ Centro Universitário São Camilo, em termos de educação, e o Círculo Social São Camilo, com ações sociais e assistências. Esta instituição benemérita fundada pelo visionário Pe. Balint, em 1936, com expressivo apoio da comunidade ipiranguense, encontrava-se então em situação econômica dificílima. Se algo não fosse feito em termos de reestruturação administrativa, ela simplesmente teria seus dias contados, com mais de mil pessoas perdendo seu emprego. Em 16 de fevereiro de 2000, assumimos este desafio. Uma ação conjunta, de todas as forças camilianas, da área assistencial, via Sociedade Beneficente São Camilo; da área educacional, via União Social Camiliana, junto aos representantes da comunidade local, lideradas pelo caro amigo vereador

Domingos Dissei — a quem gostaria de publicamente agradecer por nos apoiar e confiar nesta dificílima empreitada. Juntos conseguimos preservar esta entidade, que se constitui hoje em um verdadeiro patrimônio da população do bairro do Ipiranga. Consequentemente, foi possível iniciar a atualização do Colégio Cardeal Motta, bem como a reestruturação completa do Hospital Leão XIII, hoje Hospital e Maternidade São Camilo, numa instituição de excelência na prestação de serviços de qualidade em saúde, para toda a região do Ipiranga e bairros circunvizinhos. Não faltaram sofrimentos, sacrifícios, mal-entendidos e até ameaças, mas que foram superadas com base no diálogo, na ética e na determinação de reposicionar esta instituição, afinada com as necessidades de educação e saúde da comunidade local.

Senhoras e senhores, permitam-me uma reflexão sobre estas duas fases desta jornada que acabo de descrever. Já dizia Aristóteles, no IV século antes de Cristo (384-322 a.C.) que "o homem, quando ético, é o melhor dos animais; quando sem ética, é o pior de todos". Este pensamento, tão antigo, mas tão atual, pode até nos chocar por sua crueza. Desperta-nos para algo novo que vem acontecendo em nosso meio social, uma sensibilidade nova de que a esperança de um futuro melhor para todos passa obrigatoriamente pelo encontro com a ética, que na sua essência é respeito pela dignidade do ser humano. A construção de uma sociedade mais justa e solidária que supere as desigualdades e exclusões somente acontecerá a partir do estabelecimento de novas relações de justiça, equidade e respeito, que vão desde o âmbito pessoal até o sociopolítico. Que não se mendigue, como esmola ou caridade, o sagrado direito à saúde, consagrado em nossa

Carta Magna desde 1988, e muito menos seja desacreditado e instrumentalizado como uma mera mercadoria, em tempos de ventos favoráveis à globalização excludente! Há que se globalizar, sim, a solidariedade, não a exclusão!

Estou profundamente convicto de que o "capital humano" é o maior patrimônio de uma organização e este deve ser artisticamente trabalhado com cuidado. Não basta apenas fazermos as coisas na sua forma corretamente prescrita. Muitos o fazem até com perfeição, utilizando-se de refinadas técnicas, mas sem humanismo e ética. É preciso fazê-lo com beleza, elegância, ternura, encantamento com a vida. Para além da competência técnica, o desafio é sempre aliar competência humana e ética. Precisamos de líderes desta estirpe, com este compromisso. Portanto, livre-nos Senhor dos cínicos, como bem definiu Oscar Wilde, daqueles que "sabem o preço de tudo, e o valor de nada" e que consequentemente, a partir de suas ações, sacralizam as coisas e coisificam pessoas, esquecidos de que as coisas, sim, podem ter preço, mas as pessoas possuem dignidade.

Milagres acontecem na vida quando nos deixamos guiar pela bússola da ética, do humanismo e da solidariedade cristãos. Transformações e crescimentos consistentes são sempre frutos de muita dedicação e perseverança, de se levantar nas quedas, aprender humildemente com os erros, refletir e trabalhar planejando estrategicamente. Lembro neste momento do saudoso Dr. Zerbini, o operário do coração, verdadeiro orgulho da cardiologia brasileira, com quem estive em seus momentos finais de vida. Ouvi dele que suas realizações profissionais eram fruto de 99% de transpiração, isto é suor, trabalho persistente, e 1% de inspiração, isto é, genialidade. Todos nós, portanto, temos a possibilidade de ser gênios nessa ótica. Aqui temos uma lição a aprender.

Senhoras e senhores, nem acredito que seja realidade este momento. Um simples filho de colono do meio-oeste de Santa Catarina, hoje um cidadão paulistano. Aumenta muito a minha e nossa responsabilidade de fazermos diferença onde vivemos e trabalhamos. Trata-se de um diferencial que não compactue com a indiferença que mata, mas que seja gerador de mais esperança, fraternidade e amor entre as pessoas.

Agradeço a todas as pessoas que foram e serão sempre parte de meu existir. Agradeço especialmente àquelas pessoas com quem tive o privilégio e a graça de estar junto no momento do seu adeus final e que deixaram em meu ser marcas indeléveis de sabedoria, carinho e confiança. Que Deus as tenha junto de si, e estejam em paz e felizes.

Agradeço de coração a todos que comigo convivem neste momento de minha vida, quer seja minha família de opção de vida, os camilianos, quer seja minha família de sangue, meus familiares, entre os quais sempre encontro meu porto seguro de dignidade.

Ofereço este título a todos os voluntários e agentes de Pastoral da Saúde, samaritanos anônimos que vivem a solidariedade junto aos carentes e doentes da sociedade. Eles nos apontam que a vida é linda e vale a pena vivê-la, ao testemunhar que a fraternidade, a gratuidade, o amor e a solidariedade são valores que dão sentido a vida.

Ofereço a vocês, amigos da causa da humanização e educação da saúde e da vida, que compartilham o sonho e o compromisso de lutarmos por um mundo melhor, para que nos fortaleçamos nesta missão e convicção de que poder, autoridade, é serviço e de que "quem não vive para servir, não serve para viver", como bem diz a sabedoria popular.

Enfim, concluindo, tenho uma certeza que resulta toda desta jornada: nada é impossível na vida, se cultivarmos a esperança! Se estivermos "sempre prontos a dar razão da nossa esperança a todo aquele que no-la pedir, fazendo-o, porém, com mansidão, respeito e boa consciência" (1Pd 3,15-18), como nos diz São Pedro. Nada é impossível se construirmos nossos sonhos com fé. Fé em nós mesmos, em nossos semelhantes e sobretudo em Deus, em quem todos os nossos sonhos podem se transformar em realidade.

Muito obrigado!

Pe. Leo Pessini

Referências bibliográficas

ÁLVAREZ, Francisco. *El Evangelio de la salud*; por qué es saludable creer. Madrid: San Pablo, 1999.

_____. El evangelio de La salud en una sociedad plural. *Labor Hospitalaria*, nn. 293-294, 2009, pp. 59-80.

AMATUZZI, Mauro Martins (org.). *Psicologia e espiritualidade*. São Paulo: Paulus, 2008.

ÂNGELO, Claudio. "Fé em Deus está nos genes, diz americano", Título da reportagem: *Sociobiologia*: Pesquisador que descobriu o "gene gay" nos anos 90 diz ter isolado trecho de DNA relacionado à espiritualidade. *Folha de S.Paulo*, Ciência, São Paulo, 16 de dezembro de 2005, p. A 15.

ANGERAMI-CAMOM, Valdemar Augusto (org.). *Temas existenciais em psicoterapia*. São Paulo: Thomson, 2003a.

_____. *Vanguarda em psicoterapia fenomenológico-existencial*. São Paulo: Thomson, 2003b.

ARNOLD, Jacques. Teilhard e a redescoberta da noção de Cristo cósmico. *IHU on-line. Revista do Instituto Humanitas — Unisinos*, São Leopoldo, 17 de agosto de 2009, edição 304, pp. 6-9.

BARROS, Marcelo; BETTO, Frei. *O amor fecunda o universo*; ecologia e espiritualidade. Rio de Janeiro: Agir, 2009.

BARIELLO, L.; CARUANA, E.; DEL GENIO, M. R.; SUFFI, N. (coords.). *Dicionário de mística*. São Paulo: Loyola/Paulus, 2003.

BAUTISTA, Mateo. *Camilo de Lellis*; evangelizador no campo da saúde. São Paulo: Paulinas, 1996.

BEGLEY, Sharon. Religion and the Brain. *Newsweek*, 14 de maio de 2001, pp. 38-41.

BENSON, Herbert. *Medicina espiritual*. Rio de Janeiro: Campus, 2003.

BENTO XVI. *Caritas in Veritate*; sobre o desenvolvimento humano integral na caridade e na verdade. São Paulo Paulus/ Loyola, 2009.

BETTO, Frei; BOFF, Leonardo. *Mística e espiritualidade*. 6. ed. revista e ampliada. Rio de Janeiro: Garamond, 2005.

BYRD, Randolph C. Positive Therapeutic Effects of Intercessory Prayer in a Coronary Care Unit Population. *Southern Medical Journal*, v. 18, 1988, pp. 826-829.

BOFF, Leonardo. *Ética da vida*. Brasília: Letraviva, 1999.

_____. *Tempo de transcendência*; o ser humano com um Projeto Infinito. Rio de Janeiro: Sextante, 2000.

_____. *Espiritualidade*; um caminho de transformação. Rio de Janeiro: Sextante, 2001.

_____. *Do iceberg à arca de Noé*; o nascimento de uma ética planetária. Rio de Janeiro: Garamond, 2002a.

_____. *Experimentar Deus*; a transparência de todas as coisas. Campinas: Verus, 2002b.

_____. *Ethos Mundial*; um consenso mínimo entre os humanos. Rio de Janeiro: Sextante, 2003.

_____. *Evangelho do Cristo Cósmico*; a busca da unidade do todo na ciência e na religião. São Paulo: Record, 2008. (cf. especialmente o capítulo II: "Teilhard de Chardin: A ciência em busca do Cristo Cósmico", pp. 27-52).

_____. *Homem*; satã ou anjo bom? São Paulo: Record, 2008.

_____. *Ética da vida*; a nova centralidade. São Paulo: Record, 2009a.

_____. *A opção terra*; a solução para a terra não cai do céu. São Paulo: Record, 2009b.

_____. Jung e o mundo espiritual. *Correio Rio-Grandense*, Caxias do Sul, 15 de novembro de 2009c. p. 3.

_____; BETTO, Frei. *Mística e espiritualidade*. Rio de Janeiro: Rocco, 1994.

BREITBART, William. Espiritualidade e sentido nos cuidados paliativos. *O Mundo da Saúde*, São Paulo, v. 27, n. 1, 2003, pp. 45-57.

BRUSCO, Angelo. São Camilo: homem de fé e mestre de caridade. *Camilianos*, ano 4, n. 30, mai. 1995. pp. 6-12.

BRUSCO, Angelo; ÁLVAREZ, Francisco. *La espiritualidad camiliana*; itinerarios y perspectivas. Torino, Ediciones Camilianas, 2003. Cf. especialmente: "El Fundador", de autoria de Calisto Vendrame, pp. 87-109.

CARMELLO, Eduardo. *Resiliência*; a transformação como ferramenta para construir empresas de valor. São Paulo: Gente, 2008.

CASSEL, Eric J. *The nature of suffering and the goals of medicine*. New York: Oxford University Press, 1998.

CELAM (CONSELHO EPISCOPAL LATINO-AMERICANO). *Globalização e nova evangelização na América Latina e no Caribe*. São Paulo: Paulinas, 2003.

_____. DEPARTAMENTO DE JUSTIÇA E SOLIDARIEDADE. *Discípulos missionários no mundo da saúde*; guia da Pastoral da Saúde para a América Latina e Caribe. São Paulo: Centro Universitário São Camilo/Instituto Camiliano de Pastoral da Saúde, 2010.

COHEN, Cyntia B.; WHEELER, Sondra E. Prayer as therapy; a challenge to both religious belief and professional ethics. *Hastings Center Report*, maio/jun. 2000, pp. 40-47.

COLLINS, Francis S. *A linguagem de Deus*. São Paulo: Gente, 2007.

CONSELHO FEDERAL DE MEDICINA. Código de Ética Médica — Resolução CFM n. 1.246/88. *Diário Oficial da União (DOU)*, 26 de janeiro de 1988. Seção 1, pp. 1.574-1.577.

_____. Resolução n. 1.931/2009. Ementa: Aprova o Código de Ética Medica. *Diário Oficial da União (DOU)* de 24 de setembro de 2009, Seção 1, pp. 90-91.

COX, Harvey. *A cidade do homem*; a secularização e a urbanização na perspectiva teológica. Rio de Janeiro: Paz e Terra, 1968.

_____. *Fire from heaven*; the rise of pentecostal spirituality and the reshaping of religion in the twenty-first century. Cambridge, MA: Da Capo Press, 2001.

DALAI-LAMA. *A arte da felicidade*; um manual para a vida. São Paulo: Martins Fontes, 2002.

_____. *Ética do terceiro milênio*. Rio de Janeiro: Sextante, 2003.

DAWKINS, Richard. *Deus*; um delírio. São Paulo: Companhia das Letras, 2008.

DENNETT, Daniel. *Quebrando o encanto*. Rio de Janeiro: Globo, 2006.

ECO, Umberto; MARTINI, Carlo Maria. *Em quem creem os que não creem?* 7. ed. Rio de Janeiro: Record, 2002.

EUVÉ, François. *Ciência, fé, sabedoria*; é preciso falar de convergência? São Paulo: Loyola, 2009.

FERRY, Luc. *O homem-deus ou o sentido da vida*. 2. ed. São Paulo: Difel, 2007.

FORTE, Bruno. Teologia e pós-modernidade (entrevista). *IHU on-line, Revista do Instituto Humanitas — Unisinos*, São Leopoldo, v. 2, n. 8, 2006.

FRANKL, Viktor E. *Em busca de sentido*. 26. ed. Petrópolis/São Leopoldo: Vozes/Sinodal, 2008.

GLEISER, Marcelo. Sobre a crença e a ciência. *Folha de S.Paulo*. Caderno Mais! Ciência, São Paulo, 28 de março de 2010a, p. 4.

_____. *Criação imperfeita*; cosmo, vida e o código oculto da natureza. São Paulo: Record, 2010b.

GONÇALVES FILHO, Antonio. *O Estado de S.Paulo*, Caderno Cultura, 2 de agosto de 2009, p. D 6.

GIOVANETTI, José Paulo. O sagrado na psicoterapia. In: ANGERAMI-CAMOM, Valdemar Augusto (org.). *Vanguarda em psicoterapia fenomenológico-existencial*. São Paulo: Thomson, 2003. pp. 1-23.

GROOPMAN, Jerome. *The anatomy of hope*. New York, NY: Random House, 2005.

GUNDERSEN, Linda. Faith and Healing. *Annals of Internal Medicine*, v. 132, jan. 2000, pp. 169-172.

HARDWIG, John. Questões espirituais no fim da vida: um convite à discussão. *O Mundo da Saúde*, São Paulo, v. 24, n. 4, jul./ago. 2000, pp. 321-324.

HAUGHT, John F. A nossa compreensão de Deus não pode mais ser a mesma depois de Darwin. *IHU on-line, Revista do Instituto Humanitas — Unisinos*, São Leopoldo, 13 de julho de 2009a, edição 300, pp. 12-16.

_____. Evolução e o futuro infinitamente expansivo. *IHU on-line. Revista do Instituto Humanitas — Unisinos*, São Leopoldo, 17 de agosto de 2009b, edição 304, p. 11.

_____. *Cristianismo e ciência*; para uma teologia da natureza. São Paulo: Paulinas, 2009c.

_____. *O que é Deus*; como pensar o divino. São Paulo: Paulinas, 2008.

HEIDEGGER, Martin. *Ser e tempo*. Petrópolis: Vozes, 2006.

HORKHEIMER, Max. *Crítica de la razón instrumental*. Madrid: Trotta, 2002.

ISAACSON, Walter. *Einstein*; sua vida, seu universo. São Paulo: Companhia das Letras, 2007.

JOÃO PAULO II. Carta Apostólica *Salvifici Doloris*; o sentido cristão do sofrimento humano. São Paulo: Paulinas, 1984.

JUNG, Carl Gustav. *Obras completas*. Petrópolis: Vozes, 1985.

JONAS, Hans. *O princípio responsabilidade*; ensaio de uma ética para a civilização tecnológica. Rio de Janeiro: Contraponto/Editora PUC-Rio, 2006.

KALB, Claudia. God and Health. Is religion good medicine: why science is starting to believe? *Newsweek*, 17 de novembro de 2003, pp. 40-46.

KOENIG, Harold G. et alii. Medicine and Religion. *The New England Journal of Medicine*, v. 343, nov. 2000, pp. 1.339-1.392.

KÜNG, Hans. *Teologia a caminho*; fundamentação para o diálogo ecumênico. São Paulo: Paulinas, 1999.

_____. *Religiões do mundo*; em busca dos pontos comuns. Campinas: Verus, 2004.

_____; SCHMIDT, Helmut (edited by). *A global ethic and a global responsibilities*; two declarations. London: SCM Press Ltd, 1998.

KUSHNER, Harold S. *Quando coisas ruins acontecem às pessoas boas*. São Paulo: Nobel, 1999.

LEPARGNEUR, Hubert. Da religiosidade à religião em contexto secular. *Revista Atualização*, Belo Horizonte, n. 273, maio/jun. 1998, pp. 205-216.

LELOUP, Jean-Yves; BOFF, Leonardo; WEIL, Pierre et alii. *O espírito na saúde*. 6. ed. Petrópolis: Vozes, 2002.

LIBANIO, João Batista. *Crer num mundo de muitas crenças e pouca libertação*. Valencia/São Paulo: Siquem/Paulinas, 2001.

_____. O paradoxo do fenômeno religioso no início do milênio. *Perspectiva Teológica*, n. 1, v. 34, 2002. pp. 63-88.

_____. *A religião no início do milênio*. São Paulo: Loyola, 2003.

_____. *Olhando para o futuro*; perspectivas teológicas e pastorais do Cristianismo na América Latina. São Paulo: Loyola, 2003.

LOUSSIER, Louis. A espiritualidade do profissional da saúde: o cristão profissional da saúde *versus* o profissional da saúde cristão. *O Mundo da Saúde*, v. 21, n. 3, mai./jun. 1997. pp. 1-8.

MARTIN, Leonard. *A ética médica diante do paciente terminal*; leitura ético-teológica da relação médico-paciente terminal nos códigos brasileiros de ética médica. Aparecida: Santuário, 1993.

_____. Saúde e bioética: a arte de acolher e conquistar o bem-estar. *O Mundo da Saúde*, v. 20, n. 10, 1996, pp. 368-373.

MARTINS, Alexandre Andrade. *É importante a espiritualidade no mundo da saúde?* São Paulo: Paulus, 2009 (Questões fundamentais da Saúde, n. 19).

McGRATH, Alister; McGRATH, Joanna. *O delírio de Dawkins*; uma resposta ao fundamentalismo ateísta de Richard Dawkins. São Paulo: Mundo Cristão, 2007.

MINISTÉRIO DA SAÚDE. *Carta dos direitos dos usuários da saúde*. Publicada no *DOU*, 14 de agosto de 2009, seção 1, pp. 80-81. Disponível em <www.saúde.gov.br>.

MINISTROS DOS ENFERMOS – CAMILIANOS. *Unidos para a justiça e a solidariedade no mundo da saúde*; documento do 56º Capítulo Geral. São Paulo: Província Camiliana Brasileira, 2007. pp. 32-36.

MONTEIRO, Dulcineia da Mata Ribeiro (org.). *Espiritualidade e finitude*; aspectos psicológicos. São Paulo: Paulus, 2006.

MORAIS, Jomar. Meditação: o que é, para que serve, o que a ciência diz a respeito e por que tanta gente está praticando. *Superinteressante*, n. 193, out. 2003, pp. 56-64.

NIETZSCHE, Friedrich W. *Ecce homo*; por que sou um destino. São Paulo: Companhia das Letras, 1995.

ONFREY, Michel. *Tratado de ateologia*; física da metafísica. São Paulo: Martins Fontes, 2007.

PARGAMENT, Kenneth. Religion and the brain: in the new field of neurotheology, scientist seek the biological basis of spirituality. Is God all in our heads? (Science and Technology). *Newsweek*, 7 de maio de 2001.

PESSINI, Leo. *Como lidar com o paciente em fase terminal*. 5. ed. rev. e atual. Aparecida, SP: Santuário/Centro Universitário São Camilo, 2003.

_____. *Ministério da vida*; orientações para agentes de Pastoral da Saúde. 31. ed. Aparecida: Santuário, 2009.

PESSINI, Leo; BARCHIFONTAINE, Christian de Paul. *Problemas atuais de bioética*. 6. ed. São Paulo: Loyola/Centro Universitário São Camilo, 2002.

_____; BARCHIFONTAINE, Christian de Paul. *Buscar sentido e plenitude de vida*. São Paulo: Paulinas/Centro Universitário São Camilo, 2008.

PESSINI, Leo; BERTACHINI, Luciana. *Humanização e cuidados paliativos*. São Paulo: Centro Universitário São Camilo/Loyola, 2004.

_____. *Cuidar do ser humano*; ciência, ternura e ética. 2. ed. São Paulo: Centro Universitário São Camilo/Paulinas, 2010.

PETER, Ricardo. *Viktor Frankl*; a antropologia como terapia. São Paulo: Paulus, 1999.

PETERS, Ted; BENNETT, Gymon (orgs.). *Construindo pontes entre a ciência e a religião*. São Paulo: Loyola/Unesp, 2003.

POLETTI, Rosette; DOBBS, Bárbara. *A resiliência*; a arte de dar a volta por cima. Petrópolis: Vozes, 2001.

POTTER, Van Renselaer. Science, religion must chare quest for global survival. *The Scientist*, 8, 10, 16 de maio de 1994, pp. 1-12.

POWELL, Lynda H. Religion and Spirituality: linkages to physical health. *American Psychologist*, n. 58, 2003, pp. 36-52.

PROVÍNCIA CAMILIANA BRASILIERA. *Camilianos 2002*; 80 anos de presença camiliana no Brasil. São Paulo: Província Camiliana Brasileira, 2002a.

_____. *Carta de Princípios das Entidades Camilianas*. São Paulo: Província Camiliana Brasileira, 2002. pp. 84-85.

RAHNER, Karl. Elemente der Spiritualität in der Kirche der Zukunft. In: *Schriften zur Theologie*. Einsiedeln: Benzinger, 1980. v. 14, pp. 375ss.

ROCCA LARROSA, Susana M. Resiliência. Elo e sentido (entrevista). *IHU on-line. Revista do Instituto Humanitas — Unisinos*. São Leopoldo, 29 de outubro de 2007, edição 241, pp. 17-21.

SAVIOLI, Roque. *Os milagres que a medicina não contou*. São Paulo: Global, 2004.

SCHWEITZER, Paul. Teilhard de Chardin; a natureza como um caminho para Deus. *IHU on-line. Revista do Instituto Humanitas — Unisinos*. São Leopoldo, 17 de agosto de 2009, edição 304.

SERVAN-SCHREIBER, David. *Curar o stress, a ansiedade e a depressão sem medicamento nem psicanálise*. São Paulo: Sá, 2004.

SIQUEIRA, José Eduardo de. Tecnologia e medicina entre encontros e desencontros. *Bioética*, v. 8, n. 1, 2000, pp. 55-64.

SLOAN, Richard P.; BAGIELLAE, Powell T. Religion, spirituality, and medicine. *Lancet*. v. 353, 1999. pp. 664-667.

SOARES, Afonso Maria Ligorio; PASSOS, João Decio (orgs.). *Teologia e ciência*; diálogos acadêmicos em busca do saber. São Paulo: Paulinas/Educ, 2008.

SOLOMON, Robert C. *Espiritualidade para céticos*; paixão, verdade cósmica e racionalidade no século XXI. Rio de Janeiro: Civilização Brasileira, 2003.

SUSIN, Luis Carlos. É narrando que se diz o mistério. *IHU on-line. Revista do Instituto Humanitas — Unisinos*. São Leopoldo, 14 de setembro de 2009, edição 308, pp. 32-34.

STANGL, Susan; KALB, Claudia. Faith and Healing. Can religion improve health? While the debate rages in journals and med schools, more Americans ask for doctors' prayers. *Newsweek*, 10 de novembro de 2003.

STEIN, Ernildo. Narrativas de Deus são fragmentárias como era pós-metafísica. *IHU on-line. Revista do Instituto Humanitas — Unisinos*. São Leopoldo, 14 de setembro de 2009, edição 308, pp. 10-13.

STOEGER, Willian. As ciências naturais não podem dizer o que Deus é ou não é. *IHU on-line. Revista do Instituto Humanitas — Unisinos*. São Leopoldo, 14 de setembro de 2009, edição 308, pp. 5-6.

TEIXEIRA, Faustino. O embaixador da ciência. *Veja*, 8 de julho de 2009, pp. 443-145.

THEILLIER, Patrick. Religion and the brain: in the new field of neurotheology, scientist seek the biological basis of spirituality. Is God all in our heads? (Science and Technology). *Newsweek*, 7 de maio de 2001.

VENDRAME, Calisto. *Camillian Charism*. Taipei: Camillian Editions, 1986.

_____. *A cura dos doentes na Bíblia*. São Paulo: Centro Universitário São Camilo/Loyola, 2001.

_____; PESSINI, Leo (coords. ed. bras.). *Dicionário interdisciplinar da Pastoral da Saúde*. São Paulo: Paulus/Centro Universitário São Camilo, 1999.

VERNETTE, Jean. *Nouvelles spiritualités et nouvelles sagesses*; les voies de l'aventure spirituelle aujourd'hui. Paris: Bayard/Centurion, 1999.

VV.AA. Evolução e Fé. Ecos de Darwin. Daniel Dennett. Deus foi criado à nossa semelhança. *IHU on-line. Revista do Instituto Humanitas Unisinos*. São Leopoldo, 13 de julho de 2009, pp. 10-11.

WALSH, Froma. Os desafios da resiliência familiar. *IHU on-line. Revista do Instituto Humanitas — Unisinos*. São Leopoldo, 29 de outubro de 2007, edição 241, p. 12.

WOODWARD, Kenneth. Faith is more than a feeling. *Newsweek*, maio de 2001, pp. 41-42.

Sumário

Introdução 7

O renascimento da religião na contemporaneidade: uma rápida
radiografia 13

Cientistas, biólogos e filósofos que negam a existência de Deus:
alguns depoimentos 37

Cientistas, filósofos e teólogos que afirmam a existência de Deus:
algumas reflexões 55

Pontos convergentes entre as maiores religiões 79

Religião e espiritualidade 99

Espiritualidade nos códigos de ética médica brasileiros
e em alguns documentos internacionais 113

Diante da dor e do sofrimento humano: que cuidado
e espiritualidade cultivar? 127

Em busca da resiliência: a capacidade de dar a volta por cima 139

Espiritualidade e cuidado do planeta Terra 153

Bebendo da fonte da espiritualidade cristã 165

O rosto dinâmico da espiritualidade camiliana 177

Transcendendo o cotidiano: em busca da esperança de viver
para um novo tempo 197

Em busca da sabedoria de uma visão prospectiva 213

Anexo 1: Documento do Celam – Discípulos missionários
no mundo da saúde 223

Anexo 2: Uma vida dedicada à saúde, educação
e espiritualidade: conhecendo Leo Pessini 243

Anexo 3: Título de Cidadão Paulistano 269

Referências bibliográficas 279